関西本線

1960年代〜90年代の思い出アルバム

牧野和人 著

【写真】安田就視、荻原二郎

関西本線、奈良線、片町線が集まり、三重県方の山越え区間へ向かう麓にあった木津駅では、長時間停車する貨物列車の先頭に立つ蒸気機関車を見ることができた。関西本線には客車による荷物列車が設定されてD51が牽引した。短編成ながらも発車時には盛大に煙を噴き上げた。
◎木津　1973（昭和48）年5月13日　撮影：野口昭雄

JN081433

.....Contents

木津川に沿って緑濃い笠置町内を行くキハ35、キハ36の普通列車。車体の塗装は昭和50年代から塗り替えが進められてきた朱色5号の一色塗りに統一されている。木々の緑によく映える塗色はファンの間でタラコ色とも呼ばれ、経年により色が褪せたものは焼きタラコと揶揄された。◎笠置〜大河原 1983（昭和58）年9月7日　撮影：安田就視

【コラム】

まえがき

　明治期に大阪鉄道、関西鉄道、奈良鉄道が建設した鉄道を統合し、名古屋と大阪を結ぶ幹線に成長した関西本線。国有化後は鈴鹿山系の麓を横断する急勾配区間を列車の前後に機関車を連結した急行や貨物列車が行き交った。

　後に開業した東海道本線や東海道新幹線。近畿日本鉄道等の台頭に伴い、開業当初は関西本線が担っていた長距離の大都市間輸送という重責は薄れていった。また、昭和中期に入ると自動車が輸送の主力にのし上がり、並行する名阪国道等も鉄道から利用客を奪う一因となった。

　関西本線から優等列車が姿を消し、線路際を草木に被われた加太越えの鉄路。しかし柘植駅にある煉瓦積みの倉庫等、沿線には歴史を感じさせる構造物が今も散見される。また名古屋、大阪の近郊区間では通勤、通学路線に活路を見い出し活況を呈している。奈良駅では外国人観光客を見掛ける機会が多くなった。伝統の鉄道で繰り広げられた今昔の様子を写真、画像で楽しんでいただきたい。

2019年12月　牧野和人

環状道路が線路を跨ぐ黄金橋を過ぎると名古屋駅まではあと僅か。高山本線、紀勢本線の特急に充当されるキハ85系気動車等が憩う名古屋車両区を横目に211系が走る。画面左手の線路はあおなみ線の愛称で知られる第三セクター鉄道の名古屋臨海高速鉄道西名古屋港線である。◎八田～名古屋　2017（平成29）年6月17日

1章
名古屋〜亀山

JR東海管内の電化区間を走る
指定席がある特急、快速も登場

日光川をはじめとして数多くの河川、水路が流れる蟹江の界隈は低地の水郷地帯である。用水路に張り出した足場の上では太公望が釣り糸を垂れていた。短い橋で水路を跨ぐ線路上を165系3両編成の普通列車が足早に駆けて行った。
◎蟹江〜永和　1986（昭和61)）年11月　撮影：安田就視

名古屋〜亀山

関西鉄道が開設した
尾張名古屋が旅の起点

　中京圏の中心都市であり、人口230万人を誇る名古屋市。鉄道の要所でもあり東海道新幹線、東海道本線をはじめとしたJR主要幹線や近畿日本鉄道、名古屋鉄道等の民鉄路線、地下鉄路線が名古屋駅に集まる。当駅は関西本線の起点である。列車は一部を除き東海道新幹線のホームを構内西側に望む12、13番線に発着する。名古屋口には区間快速、普通の他、紀勢本線紀伊勝浦を結ぶ特急「南紀」。参宮線伊勢市、鳥羽まで運転する快速「みえ」といった優等列車も顔を見せる。三重県下の桑名、四日市等との間を行き来する通勤通学客。さらに長距離列車の始発駅であることからホーム上の中程にある売店では弁当類が売られている。但し他のホームで見られるきしめんの立ち食いスタンドはない。

　亀山行きの列車が全区間に亘って関西本線を走る。列車はホームを離れると右手に大きく曲がりながら東海道新幹線を潜る。さらに名古屋高速臨海鉄道あおなみ線の高架を潜ると、近畿日本鉄道名古屋線が地下ホームから姿を現す。右手車窓には高山本線、紀勢本線用の特急型気動車等が集う広大な名古屋車両区が続く。反対側の車窓からあおなみ線が離れていくと線路は高架になり、最初の途中駅である八田に到着する。庄内川を渡る手前で名古屋車両所付近から並行してきた近畿日本鉄道名古屋線が頭上を越えて南西方向へ離れていった。

　庄内川の治水事業の一環としてつくられた新川、日光川等を渡って列車は名古屋市の郊外部へ進む。永和〜弥富間にある白鳥信号場は待避線1本を備える簡易な交換施設。木曽川の畔近くにある弥富駅は日本一低い場所にある地上駅だ。所在地の海抜は-0.93m。名古屋鉄道尾西線の乗り場が関西本線の上り列車が発着する2番線と同じホームにある。のりば番号はJR線からの通し番号である3番となっている。

　弥富からは複線区間が続く。木曽三川と呼ばれる伊勢湾へ注ぐ大河。木曽川、長良川、揖斐川を続

けざまに渡って三重県へ入る。木曽川と長良川を隔てる中州の輪中地区には長島駅がある。現在の木曽川橋梁は三代目に当たる。1895（明治28）年竣工の初代橋梁は1928（昭和3）年に伊勢電気鉄道へ払い下げられ、現在も関西本線の横を走る近鉄名古屋線の施設として1959年まで使用された。

　桑名駅周辺には軌間、会社が異なるいくつもの鉄道が集まる。関西本線と養老鉄道は軌間1,067mm。近鉄名古屋線は1,435mmの標準軌。桑名駅より少し離れた西桑名駅から発着する三岐鉄道北勢線は762mmの軽便仕様だ。桑名駅の先では三様の幅を持つ線路がしばし並行する。また養老鉄道が近畿日本鉄道の路線であった時代には、軌間が同じ関西本線との間で貨物の授受が行われていた。

貨物列車の姿が見られる四日市界隈

　桑名駅を出ると北勢線の薄い橋梁が列車の上を跨いでいった。国道258号を跨ぎ員弁川を渡る。並行する近鉄名古屋線との間が広くなり、やがて名古屋線が関西本線を跨いで遠ざかる。車窓は新興住宅地の様相から田園地帯へ移り、伊勢湾岸自動車道、国道1号北勢バイパスの高架橋を潜って朝明川を渡る。三岐鉄道三岐線と東側から近づいてくる近鉄名古屋線を潜ると富田駅。三岐鉄道との間で貨物の授受が行われる当駅にはいくつもの側線があり、貨車や列車を牽引する機関車が停まっている。かつては当駅にも三岐鉄道の電車が乗り入れていた。しかし1982（昭和57）年に旅客扱いは廃止された。現在も三岐鉄道の構内に残るホームには駅名票が立ち旅客駅時代の名残となっている。現在では当駅より西に300m離れた近鉄富田駅が三岐線の始発駅になっている。駅員の配置はないが西口には旧国鉄時代を彷彿とさせる寄棟屋根造りの駅舎が残る。構内を出ると線路は単線になるが次の富田浜駅からは複線に戻る。

　左手車窓に工業地帯の煙突を望みながら四日市市内の街中を南下。三滝川を渡り、場内に引き込み線があるコスモ石油四日市製油所を見て四日市駅に到着する。大規模な工業地帯の最寄りにある四日市駅は、地域における貨物輸送の拠点であり、

構内の東側に貨物を取り扱う施設がある。コンテナが積み重ねられて並ぶ様は壮観である。当駅より塩浜へ向かう貨物支線や国の重要文化財に指定されている末広橋梁がある構外側線が延びる。また1、2番線がある島式ホームの南端部には第三セクター鉄道である伊勢鉄道の普通列車が発着する乗り場が3番線として設置されている。単行の気動車がホームに停まる姿を見ることもしばしばだ。

四日市と次の南四日市までの区間は単線だ。緑地帯に囲まれた日永浄化センター付近で近鉄名古屋線を潜る。工業地帯の中を通って南四日市駅へ。近年まで付近の工場との間で貨物の授受が行われており構内には多くの側線が残る。ここから本線は複線に戻るが、使われなくなった引き込み線が数km区間に亘り並行して見た目は3線形状となる。国道25号を潜る辺りから車窓には桜の並木が流れる。鈴鹿川へ注ぐ内部川を渡った先が伊勢鉄道の分岐する河原田駅だ。関西本線の上下線からそれぞれ分岐した線路は築堤上に設けられたホームへ上って行く。関西本線の乗り場は築堤の下にある。

河原田から先は単線区間が続く。鈴鹿川の北岸に沿って進み、加佐登駅の前後で国道1号を二度潜る。白い石でかたちづくられた中州が印象的な安楽川、掠川を渡り旧東海道の県道とともに亀山駅に到着する。

名古屋 なごや	【開業年】1886(明治19)年5月1日　【所在地】愛知県名古屋市中村区名駅1－1－4　【ホーム】6面12線(在来線) 【乗車人員】219,917人(2018年)　【起点距離】0.0km(名古屋起点)
八田 はった	【開業年】1928(昭和3)年2月1日　【所在地】愛知県名古屋市中村区八田町字長田　【ホーム】2面3線 【乗車人員】1,940人(2017年)　【起点距離】3.8km(名古屋起点)
春田 はるた	【開業年】2001(平成13)年3月3日　【所在地】愛知県名古屋市中川区春田2－92－2　【ホーム】2面2線 【乗車人員】3,750人(2017年)　【起点距離】7.5km(名古屋起点)
蟹江 かにえ	【開業年】1895(明治28)年5月24日　【所在地】愛知県海部郡蟹江町大字今字上六反田12　【ホーム】2面2線 【乗車人員】3,560人(2017年)　【起点距離】9.3km(名古屋起点)
永和 えいわ	【開業年】1929(昭和4)年2月1日　【所在地】愛知県愛西市大野町郷西316－1　【ホーム】2面2線 【乗車人員】2,384人(2017年)　【起点距離】12.2km(名古屋起点)
弥富 やとみ	【開業年】1895(明治28)年5月24日　【所在地】愛知県弥富市鯏浦町中六178　【ホーム】2面3線 【乗車人員】1,160人(2017年)　【起点距離】16.4km(名古屋起点)
長島 ながしま	【開業年】1899(明治32)年11月11日　【所在地】三重県桑名市長島町西外面1447　【ホーム】1面2線 【乗車人員】565人(2017年)　【起点距離】19.6km(名古屋起点)
桑名 くわな	【開業年】1895(明治28)年5月24日　【所在地】三重県桑名市大字東方135　【ホーム】4面7線 【乗車人員】5,037人(2017年)　【起点距離】23.8km(名古屋起点)
朝日 あさひ	【開業年】1983(昭和58)年8月8日　【所在地】三重県三重郡朝日町大字柿2081　【ホーム】2面2線 【乗車人員】617人(2017年)　【起点距離】28.5km(名古屋起点)
富田 とみだ	【開業年】1894(明治27)年7月5日　【所在地】三重県四日市市富田3－22－12　【ホーム】2面3線 【乗車人員】761人(2017年)　【起点距離】31.7km(名古屋起点)
富田浜 とみだはま	【開業年】1907(明治40)年7月1日　【所在地】三重県四日市市富田浜町20－18　【ホーム】2面2線 【乗車人員】216人(2017年)　【起点距離】33.0km(名古屋起点)
四日市 よっかいち	【開業年】1890(明治23)年12月25日　【所在地】三重県四日市市本町3－85　【ホーム】1面3線 【乗車人員】2,351人(2017年)　【起点距離】37.2km(名古屋起点)
南四日市 みなみよっかいち	【開業年】1963(昭和38)年10月1日　【所在地】三重県四日市市日永東3－15　【ホーム】1面2線 【乗車人員】629人(2017年)　【起点距離】40.4km(名古屋起点)
河原田 かわらだ	【開業年】1890(明治23)年12月25日　【所在地】三重県四日市市河原田町2179　【ホーム】3面4線 【乗車人員】2,145人(2017年)　【起点距離】44.1km(名古屋起点)
河曲 かわの	【開業年】1949(昭和24)年3月1日　【所在地】三重県鈴鹿市木田町718　【ホーム】2面2線 【乗車人員】333人(2017年)　【起点距離】47.5km(名古屋起点)
加佐登 かさど	【開業年】1892(明治25)年2月6日　【所在地】三重県鈴鹿市加佐登1－1－1　【ホーム】2面3線 【乗車人員】675人(2017年)　【起点距離】50.9km(名古屋起点)
井田川 いだがわ	【開業年】1929(昭和4)年5月20日　【所在地】三重県亀山市井田川364　【ホーム】2面2線 【乗車人員】647人(2017年)　【起点距離】55.3km(名古屋起点)

関西本線の起点である名古屋駅。東海道新幹線が開業して10年を過ぎた頃の様子である。桜通側に建つ駅ビルは1937（昭和12）年の竣工。新幹線口側の駅前は、未だ開発途上で駐車場等が目立つ。関西本線のホームには気動車列車が停車している。◎名古屋駅　1974（昭和49）年11月19日　提供：朝日新聞社

関西本線の列車が発着する名古屋駅のホームは東海道
新幹線のホームに隣接していた。旅客列車を牽引する
機関車の主力は名古屋機関区所属のC57。新幹線開
業から5年間余り、時の最新鋭車両だった新幹線0系
との邂逅は、ごく日常的な風景だった。
◎名古屋　1968（昭和43）年4月　提供：朝日新聞社

明仁皇太子（後の第125代天皇、現・上皇）は1959（昭和34）年4月10日に結婚の儀を執り行われた後、伊勢神宮へご結婚の報告に向かった。伊勢市へ向かう特別列車は名古屋〜亀山間を関西本線経由で運転。主要駅等では沿線住民が小旗を振って出迎えた。◎蟹江　1959（昭和34）年4月17日　提供：蟹江町歴史民俗資料館

木造駅舎だった頃の蟹江駅。深い瓦屋根が被さる重厚ないで立ちだ。改装工事を経て近年まで使用されてきたが、橋上駅舎化が決定し旧駅舎の取り壊しと自由通路を含めた新施設の工事が進められている。新駅舎は2020（令和2）年の竣工予定だ。◎蟹江　1975（昭和50）年　提供：蟹江町歴史民俗資料館

1990（平成2）年より運転を開始した快速「みえ」。当初は急行「のりくら」等で使用していたキハ58、キハ65を転用した。車体は白地にオレンジ色の帯を巻いた専用塗装となり、小振りなヘッドマークを前面に掲出した。当初の運転体制は名古屋〜松阪間8往復、名古屋〜紀伊勝浦間1往復。土曜、休日には鳥羽まで延長運転されるものもあった。◎蟹江　1992（平成4）年9月　提供：蟹江町歴史民俗資料館

単線区間にある蟹江駅は構内に中線を備える。中線は電化されておらず、主に貨物列車の待避に使われる。名古屋～亀山間は電化路線だが、名古屋～河原田間を通る特急「ワイドビュー南紀」や快速「みえ」は非電化路線へ乗り入れるために気動車で運転している。
◎蟹江　1999（平成11）年2月12日　撮影：安田就視

蟹江から名古屋行き213系が発車。駅の周辺には未だ田畑が広がっているものの、列車前方の八田方面にはマンションが建ち並び、名古屋市への通勤圏として宅地開発が進む様子を窺い知ることができる。蟹江～八田間には春田駅が2001（平成13）年に信号場からの昇格で開業した。◎八田　1999（平成11）年2月12日　撮影：安田就視

電車に勝るとも劣らない俊足ぶりで蟹江駅を通過するキハ85系の特急「ワイドビュー南紀」。紀伊半島の東側を通って名古屋と紀州路を結ぶ列車だ。河原田駅まで関西本線を走り、伊勢鉄道、紀勢本線へ乗り入れて和歌山県下の紀伊勝浦まで運転する。◎蟹江　1999（平成11）年2月12日　撮影：安田就視

いまだ真新しい風合いを残す東海道新幹線のホームを横目に快速列車を牽引するC57が盛大に煙を上げて名古屋駅を発車した。前から3両目の客車は帯を巻いた2等車だ。昭和30年代後半から地方幹線の優等列車に気動車が投入され、昼行の客車列車はダイヤ改正毎にその数を減らしていった。◎名古屋　1965(昭和40)年　撮影：清水 武

穏やかな流れで水鏡をつくる日光川を渡る165系3両編成の普通列車。中央本線関連の急行列車の廃止で165系の配置がなくなっていた神領電車区(現・神領車両区)に民営化後、中津川〜松本間の普通列車運用を受け持つ電車が再配置された。それらの車両は関西本線にまで運用範囲を広げた。◎永和〜蟹江　1986(昭和61)年11月　撮影：安田就視

弥富駅を発車したC57牽引の旅客列車。客車と合造車を含む荷物車を4両ずつ連結した編成だ。写真左手は名古屋鉄道尾西線の構内。側線には貨車が留め置かれている。関西本線との連絡線付近まで架線が張られ、貨車の授受を行う際には名鉄の電気機関車が入線していた。◎弥富　1969（昭和44）年　撮影：清水 武

日光川の水面に影を落として短編成の貨物列車が足取りも軽く駆けて行った。沿線に大規模な工業地帯がある四日市方面とを結ぶ貨物は燃料輸送のタンク車が主体である。しかし、昭和末期には工場向けの物資や一般貨物を積んだ2軸貨車の姿を見ることがあった。列車の最後尾にはトビ色のワム80000が連結されていた。◎永和〜蟹江1986（昭和61）年11月　撮影：安田就視

木曽川を渡り愛知県弥富市内へ足取りを進めるＤ51牽引の貨物列車。関西本線名古屋口における貨物列車運用の多くは稲沢第一機関区
（現・愛知機関区）に所属するＤ51が務めた。周囲には関西本線の他に近畿日本鉄道名古屋線、国道1号線の橋梁が並び、地域交通の要所
という風情を醸し出す。◎弥富〜長島　1968（昭和43）年3月22日　提供：朝日新聞社

弥富付近を行く特急「南紀」。当初は名古屋〜紀伊勝浦間に3往復を運転していた。1999（平成11）年3月の一本列島を標語にしたダイ
ヤ改正で5往復に増発された。1992年までは名古屋車両区所属のキハ82系で運行。同車両が受け持つ最後の定期列車となった。
◎弥富　1986（昭和61）年11月　撮影：安田就視

出入り口付近に売店を備えていた旧弥富駅舎。駅舎と隣接して貨物の積み下ろし時等に積み荷を雨風から防いだと思しき上屋がある。改札口は今日に至るまで名古屋鉄道尾西線と共用である。舎内では地域の特産品である金魚が水槽で飼育展示されていた。◎弥富　1986（昭和61）年11月　撮影：安田就視

弥富駅構内の記念スタンプ台。「日本で一番地上定位置の駅」と記され、普通列車のみが停車する小さな駅の特徴を宣伝していた。河川に囲まれ、豊富な水に恵まれた弥富は日本屈指の金魚の生産地でもあった。駅近くの沿線には養魚場が点在する。◎弥富　1986（昭和61）年11月　撮影：安田就視

弥富駅は名古屋鉄道尾西線の起点である。駅舎から最も離れた3番線に名鉄電車が発着する。旧国鉄時代には当駅において国鉄と名鉄の間で貨車の授受が行われた。当時は3番線の北側に貨物側線があり、関西本線と名鉄尾西線の間に渡り線が設けられていた。◎弥富　1986（昭和61）年11月　撮影：安田就視

名古機関区所属のC57が旅客列車を牽引していた
頃の桑名駅ホーム。写真奥にはクリーム地に青色
の帯を巻いた近鉄名古屋線の新鋭車両。手前の養
老線ホームではウインドウシルヘッダーが見えな
い平板な側面が特徴のク5400形が発車を待って
いた。◎桑名　1965（昭和40）年8月2日　撮影：
荻原二郎

長島〜桑名間の複線化に伴い、線路の付け替えが行われた。新線区間をキハ58等で編成された名古屋行きの急行列車が走る。長島駅の構内には新たにホームが設置されたが、下り線は未だ敷設されていない模様だ。画面の奥には木曽川に架かる橋梁群が見える。◎長島　1977（昭和52）年1月31日　提供：朝日新聞社

駅舎が瓦葺であった時代の桑名駅。出入り口の戸や窓枠等は木製である。駅舎の至近まで車寄せが迫り三重交通の路線バスが停車していた。並ぶバスはいずれもオーバーキャブながら側面にはバス窓と呼ばれたスタンディングウインドウを備え、丸みを帯びた車体の昭和中期に製造されたものだ。◎桑名 昭和40年代　撮影：山田虎雄

名古屋と紀勢本線の紀伊勝浦を結ぶ特急「南紀」は1978 (昭和53) 年10月2日のダイヤ改正時に登場。本列車は途中の河原田〜津間で第三セクター鉄道の伊勢鉄道を経由する。1992 (平成4) 年まではキハ82系気動車が充当された。◎桑名1982 (昭和57) 年11月28日　撮影：野口昭雄

名古屋と参宮線の伊勢市、鳥羽を結ぶ快速「みえ」。クロスシートを備えるキハ75で運転している。途中伊勢鉄道、紀勢本線を経由し、関西本線内は名古屋〜河原田間の運転。1日13往復の運転で旧・国鉄時代は長らく劣勢に甘んじてきた近畿日本鉄道名古屋線の特急に対抗する。◎朝日〜富田 2018 (平成30) 年4月21日

『新修名古屋市史』に登場する関西本線

関西本線の開通

関西鉄道は、私設鉄道条例にもとづいて明治21（1888）年３月１日に四日市に設立された関西鉄道会社が経営した私設鉄道である。関西鉄道会社は会社設立に先立ち、草津〜四日市間、四日市〜桑名間、河原田〜津間の建設許可は得ていたが、桑名〜名古屋間の許可は取得していなかった。理由は木曽三川地域の地盤が軟弱ゆえに、難工事が予想されたためである。しかしこの区間についても、26年６月にようやく免許を得ることができた。

工事は21年８月からはじまり、23年12月に草津〜四日市間、24年11月に亀山〜津間が開通し、27年７月に四日市〜桑名間が開通した。同鉄道の名古屋からの線路が伸びるようになったのは28年４月からであり、名古屋〜弥富（前ヶ須）間の建設工事が完了して以後のことである。この区間の輸送業務は同年５月24日からはじまった。11月７日には最大の難工事であった揖斐川鉄橋が竣工したため、弥富〜桑名間が開通し、これにより名古屋と草津の間の全線が開通した。当時、名古屋と四日市の間は１日６往復の運転が行われ、所要時間は１時間15分であった。

関西鉄道の名古屋側の起点は愛知駅であった。この駅は、28年５月に名古屋〜弥富間が開通したのを受けて、同じ年の７月に東海道線の名古屋駅の南側300メートルのところ（愛知郡笈瀬村大字平野）に開設された。駅舎の建築様式は洗練されたものであり、屋根の上に特徴的な時計台をそなえたこの建物は東海道線の名古屋駅よりもデザイン的に優れているという評価を得た。

しかし、鉄道の国有化にともない名古屋側の貨客輸送はすべて名古屋駅で行われることになったため、関西鉄道の愛知駅は42年５月31日をもって廃止された。

40年10月１日に国有化されるまで関西鉄道と呼ばれたこの鉄道は、名古屋〜大阪間においてすでに開業していた官営の東海道線と競合する立場にあった。距離的にいうと、東海道線の名古屋〜大阪間121マイル37チェーン（195.4キロメートル）に対して、関西鉄道の名古屋〜湊町間は106マイル71チェーン（172.0キロメートル）であり、関西鉄道の方が10マイル以上も短かった。両鉄道間の旅客貨物の運賃をめぐる競争は、35年から37年にかけて激しく展開された。

東海道線の名古屋〜大阪間の往復割引旅客運賃は、元来、１等が６円86銭、２等が４円、３等は２円30銭であった。ところが関西鉄道は従来の運賃を引き下げ、名古屋〜湊町間の往復運賃を１等４円、２等を３円、そして３等は２円とした。これに対抗するため東海道線の運賃も値下げされ、さらに関西鉄道も値下げを行うという運賃値下げ競争が展開された。しかし、あまりの競争の激しさに耐えかねた関西鉄道は協定を申し出、その結果、35年９月25日に覚書が交換されたが、協定の内容は関西鉄道にとって満足のいくものではなかった。

36年に大阪で開かれた第５回内国勧業博覧会への貨客輸送を独占するために、関西鉄道としてはやむを得ず譲歩して結んだこの協定は、博覧会の終了後は意味をなさなくなり、運賃値下げの競争は36年11月21日からふたたびはじまった。関西鉄道が値下げをすれば、東海道線側の鉄道作業局もこれに応じて運賃を値下げするということが繰り返された。競争は運賃の値下げだけにとどまらず、列車内でのサービスにも及んだ。関西鉄道においては、列車内に新聞・雑誌・碁将棋盤・貸草履を設けたり茶炉を置くなど、特別なサービスが提供された。

両鉄道間の競争は、このように運賃の引下げやサービスの向上という点で利用者に好ましい結果をもたらした。しかし同時にまた、名古屋〜大阪間の貨物輸送の面でかなりの混乱を引き起こした。私設と官設のどちらの鉄道を利用するかで運賃に違いが生ずるため、商取引の現場で様々な行き違いが起こったからである。結局、事態は大阪府知事と衆議院議員が双方の鉄道の間にはいって調停をするところまでいき、競争は鎮静化の方向に向かった。調停は功を奏し、37年４月25日に鉄道作業局長官の平井晴二郎と関西鉄道会社の社長片岡直温の間で協定書が交換され、足掛け３年に及んだ競争に終止符が打たれた。

東口側に橋上駅舎を備える桑名駅。養老線が近畿日本鉄道の路線であった頃には改札口を旧・国鉄の時代より近鉄と共用していた。但し、乗り間違え等を防止するために、改札内での中間検札が時折行われていた。現在は養老鉄道の乗り場に中間改札口がある。
◎桑名　1982（昭和57）年8月　撮影：安田就視

桑名駅では関西本線、近畿日本鉄道名古屋線、養老線（現・養老鉄道）のホームが1本の跨線橋で結ばれていた。改札口は共用で途中に中間改札等異なる会社の構内を隔てる「仕切り」はなかった。現在は養老鉄道の乗り場へ入るホーム上に中間改札口が設置されている。
◎桑名　1999（平成11）年2月　撮影：安田就視

近畿日本鉄道名古屋線、三岐鉄道三岐線と接近する富田付近を行くC57牽引の旅客列車。139号機は昭和20年代から30年代にかけて昭和天皇陛下がご乗車した特別列車を何度も牽引した名古屋機関区のエースだ。手前の架線を張られた線路は、三岐鉄道の電車、電気機関車が利用した。◎富田〜桑名　1966（昭和41）年3月　撮影：林　嶢

ＪＲ東海管内の普通列車に広く使用されている313系は関西本線の名古屋〜亀山間でも主力車両の一つとなっている。普通列車の他、快速の運用も受け持つ。前面の列車種別表示、行先表示は従来からの幕表示仕様の他、写真のようにLEDで表示しているものもある。
◎富田浜〜四日市　2016（平成28）年12月28日

中央本線等で使用されていた神領電車区（現・神領車両区）の103系は1995（平成7）年から関西本線名古屋口の電化区間に投入された。
旧国鉄時代にはスカイブルーの一色塗りだった車体は、民営化に前後して白地に蜜柑色と緑の湘南色と同じ帯を巻く塗装に変わった。
◎富田　1999（平成11）年2月12日　撮影：安田就視

中央本線の沿線にある神領電車区（現・神領車両区）所属の213系が斜光を浴びて名古屋行き普通列車の運用に就く。4両編成は通常、
電動制御車と電動車、付随車、制御車という構成だが、この列車では編成中に電動制御車を挟んでいる。
◎富田〜朝日　1999（平成11）年2月12日　撮影：安田就視

2階建ての横長なビルになっている四日市駅舎。旅客事業の他、貨物輸送の拠点として旧国鉄時代には多くの関連部署、旅行会社等の事務所が入っていた。関西本線系統の鉄道事業が縮小傾向にある中、現在では閉鎖されている箇所が多い。かつては2階でレストランが営業していた。◎四日市　1982（昭和57）年8月　撮影：安田就視

大規模な工業地帯に隣接し、周囲の工場へ向かう専用線が延びていた南四日市駅。構内には貨物列車のために敷設された留置線が幾条もあった。貨車を受け渡されたＤＤ51が発車時刻を待つ。貨物列車は専用線内で工場所属の小型ディーゼル機関車が牽引した。
◎南四日市　2012（平成24）年12月17日

亀山機関区の転車台に乗ったD51 1007号機。関西本線で運転された蒸気機関車の最期を飾った奈良運転所所属のD51、15両の内の1両だ。戦時設計の車両でボイラー上の蒸機溜め、砂箱を収めたドームは蒲鉾形。炭水車は底部分が船舶のような形状のものを備える。
◎亀山　1972（昭和47）年3月9日　撮影：安田就視

亀山駅構内の入れ替え仕業には2両のC50が使用されていた。109号機は1970（昭和45）年に豊橋機関区から転入して来た。検査期限を目前に控え、車体等に錆が目立つ満身創痍の状態。この写真が撮影された年の10月に廃車されるまで最後の力を振り絞って働いた。
◎亀山　1972（昭和47）年3月9日　撮影：安田就視

黒煙をなびかせて亀山駅を力強く発車したD51 178号機。関西本線で運転していた蒸気機関車の終焉が迫っていた1972（昭和47）年に竜華機関区から亀山機関区へ転属した。1971年には関西本線の行楽列車だった「柳生号」のさよなら列車をD51 452号機と重連で牽引した。◎亀山　1972（昭和47）年3月9日　撮影：安田就視

亀山駅のホームに二本の客車列車が停車していた。牽引
機はいずれもD51だが623号機は亀山機関区の所属で手
前の832号機は奈良運転所の所属。関西本線用の機関車
が亀山から奈良へ集約され始めた頃の様子だ。
◎亀山　1970（昭和45）年6月10日　提供：朝日新聞社

奈良方面に向かって亀山を発車して行く旅客列車。昭和30年代にはスハフ32等、二重屋根を備えた古風ないで立ちの客車がいまだ本線上で使われていた。牽引機はD51 302号機。昭和20〜40年代を奈良、亀山区で過ごした。加太越え等の勾配区間対策として集煙装置を装備していた。
◎亀山　1961 (昭和36) 年3月15日　撮影：清水 武

鉄道による郵便輸送が盛んに行われていた昭和時代の末期まで、編成に郵便車を組み込んだ列車は各路線で日常的に見ることができた。関西本線等で使用されたキハユニ15、9は。電気式気動車をディーゼル機関に換装した車両を郵便荷物車に改造して誕生した形式である。
◎亀山　1962 (昭和37) 年9月2日　撮影：荻原二郎

名古屋、津、奈良方の3方向から急行列車が乗り入れ、活況を呈していた時代の亀山駅舎。出入り口付近には大書きされた駅名看板が掛かる。瓦屋根の横長な木造建築は拠点駅に相応しい堂々たる構えだ。駅前に設置された郵便ポストや公衆電話のブースが昭和中期らしい形で当時を偲ばせる。◎亀山　1962（昭和37）年9月2日　撮影：荻原二郎

ヨン・サン・トオのダイヤ改正をもって名古屋〜亀山間の蒸気機関車による客車列車の牽引に幕が引かれた。最終日に旅客列車の先頭に立つ名古屋機関区所属のC57 83号機。小倉工場製の切り取り式除煙板を備える同機は、1967（昭和42）年に大分運転所から名古屋へ転属して来た。
◎加佐登　1969（昭和44）年9月30日　撮影：清水 武

亀山駅の４，５番ホームに並ぶ紀勢本線の普通列車運用に
就くキハ11とキハ58。急行型気動車として登場したキハ
58、28等は多くの非電化地方幹線と同様に名古屋と関西、
紀州地方を結ぶ列車も多く担当した。しかし、昭和末期よ
り急行列車が衰退すると普通列車に転用された。◎亀山
1999（平成11）年２月12日　撮影：安田就視

駅構内を横切る踏切を入替え作業に従事するC50が渡って行った。昭和初期に154両が製造された旅客用機関車は都市近郊区間等の列車牽引に活躍した。昭和40年代に入って急速に廃車が進み、この写真が撮影された頃には亀山機関区所属の2両は希少な存在となっていた。
◎亀山　1972（昭和47）年3月9日　撮影：安田就視

九年十月一日改補　特ニ示スタルモノノ外ニ、三等車

鳥　羽　及　亀　山　・　湊　町　間（参宮線及関西本線）名　古　屋

1934（昭和9）年10月1日ダイヤ改正時の関西本線下り列車時刻表。名古屋～湊町間の列車が何本も設定されていた。普通列車は約5時間、快速列車は4時間かけて全区間を走破した。昭和30年代に入って登場した急行「紀伊」等が起点となった東京と湊町、鳥羽を結ぶ夜行便も単独列車で数本運転していた。本頁では亀山駅着発時刻の間に参宮線（現・亀山～多気間は紀勢本線）上り列車の時刻表が記載されている。◎提供：国会図書館

2章
亀山〜加茂

二台運転の蒸気機関車が挑んだ加太越え、急行が行き交った幹線に急坂は今も続く

早朝の関駅を発車するＤ51が牽引する客車列車。当駅は旧東海道の宿場町関宿の鉄道玄関口である。ホーム間の行き来は渡り板を敷いた簡易な構内踏切に頼っていた。亀山〜奈良間の旅客列車は早期に気動車化されたが、亀山始発で柘植から草津線へ乗り入れる客車列車が昭和40年代の半ばまであった。◎1972（昭和47）年9月16日　撮影：安田就視

亀山〜加茂

往時の堂々たる風格が漂う亀山駅構内

　江戸時代に伊勢亀山藩の城下町であった亀山は、鈴鹿峠の東麓にある東海道の宿場町としても栄えた交通の要所であった。明治期に関西鉄道が現在のJR関西本線、紀勢本線の基となる鉄道路線を開業して以降、鉄道の街として発展を遂げた。かつては中京、関西圏と伊勢、南紀方面を結ぶ優等列車の通り道になっていた。しかし天王寺〜名古屋間を阪和線、紀勢本線、関西本線経由で結んでいた特急「くろしお」が1973 (昭和48) 年に伊勢線 (現・伊勢鉄道) が開業すると当駅を通らなくなった。また、1984 (昭和59) 年に寝台特急「紀伊」が廃止され、当駅に停車する優等列車は急行のみとなった。さらに急行列車も旧国鉄の民営化に前後して淘汰が進み、名古屋〜奈良間に設定されていた急行「かすが」が2006 (平成18) 年に廃止され、亀山発着の優等列車は全廃された。

　現在、当駅に発着するのは普通列車のみである。人影もまばらな構内に旅行客で賑わった往時を偲ぶよしもないが、大屋根が被さるゆったりとした幅のホームはターミナル駅の威厳を湛える。また、鉄道の拠点という位置付けは今も変わらず、JR東海とJR西日本の境界駅である。関西本線の名古屋方と紀勢本線はJR東海。関西本線の大阪へ至る区間はJR西日本が管轄する。

　関西本線の列車は所属する会社が異なるのと同様に当駅で名古屋方と加茂方に運用が分かれる。加茂行きの列車は1時間に1本ほどの運転頻度。名古屋方面の列車から乗り継ぐには時間が空くこともある。運用に就く車両はJR西日本に所属するワンマン仕様の気動車キハ120だ。

　加太越えに向かう列車は構内中程の3番線から発車することが多い。車窓左手には機関区時代からの施設である転車台が見える。電車、気動車が停まる車両基地を横目に東名阪自動車道、名阪国道を潜り、国道1号とともに東海道五十三次で47番目の宿場として栄えた関町 (現・亀山市) の駅関に着く。関を出ると沿線はにわかに山深い雰囲気となる。すっかり川幅が狭くなった鈴鹿川と離れ、

代わって深い谷をつくる加太川の流れに逆らって西へ進む。谷が開け車窓の南方を横切る名阪国道が望まれると加太駅に停まる。1日の乗降客数は100人に満たない小駅だが列車の交換設備を持つ。

　また当駅からは峠となる加太トンネル付近まで最大25‰の上り勾配が続く、関西本線で最も急峻な難所が控える。国道25号と共に加太神武、加太板屋地区と同様な字名を冠した山裾の田園地帯を通る。国道が線路を潜った辺りで列車は大きな曲線を描く築堤上へ出た。右手車窓に鈴鹿の山並みを望む当地では、蒸気機関車が煙を高々と噴き上げる名場面が展開された。両側の車窓が木々に被われると程なくして中在家信号場を通過する。信号場内はスイッチバック形状の交換施設を備えていたが、現在では引き上げ線や待避線等の主な施設は撤去されている。急勾配を上り切った先に全長929mの加太トンネルが口を開ける。トンネルポータルの上部には滋賀県水口町出身で「明治の三筆」の一人と称された巌谷一六の筆による「加太」と記された題額がある。

　前照灯がゆったりとした曲線を描く線路を照らし出すトンネルを抜け、大きな貯水池の側を通って気動車は軽快な足取りで柘植駅に至る。

忍者の里を抜けて
木津川沿いに京都府下へ

　現在は草津線となっている三雲〜柘植間は、関西鉄道が草津〜名古屋間の路線として最初に開業した区間だ。現在も柘植駅は草津線の起点である。駅の東側には草津線の電車が滞泊等に用いる電留線が幾条もある。また構内のほとんどは電化されているが主に関西本線の下り列車が発着する駅舎に隣接した1番乗り場は非電化のままである。当ホームには木造駅舎やランプ小屋として建てられた煉瓦積みの倉庫が残り、良き時代の残り香を今に伝えている。

　大きな曲線を描いて西方を向いた列車は伊賀盆地へ足を進める。小中学校やスーパーマーケットが駅の近くに集まる新堂駅。河合川を渡った先の佐那具駅周辺では線路際をアジサイが飾る。そして忍者の里として知られる伊賀市内のJR駅である伊賀上野駅

に到着する。しかし、伊賀上野城址等がある市街地は服部川を挟んで駅と数km離れている。街中へは当駅から伊賀鉄道伊賀線の電車で向かう。最も駅舎側にある伊賀線のホームが1番を冠しており、3線ある関西本線の乗り場が2～4番となっている。伊賀線は元近畿日本鉄道の路線であったが軌間は1,067㎜で、旧国鉄時代には構内で貨物の授受が行われていた。

忍者列車に見送られて伊賀上野を出ると、京都府下へ流れる木津川がつくり出した谷筋へ入る。川沿いに温泉施設やキャンプ場を見ながら県道を潜ると島ヶ原駅。ここにも若干個性的な構造の木造駅舎が残る。短いトンネルを潜って京都府下へ入ると名勝地として知られる月ヶ瀬梅林の鉄道最寄り駅となる月ケ瀬口駅に着く。梅が見頃になる時期には当駅から臨時便のバスが運転される。なお月ケ瀬口は京都府下の駅だが梅林の所在地は奈良市内である。

二本のトンネルを抜けると車窓左手に木津川が現れる。大河原駅は県道と並行した川沿いの駅。塚ノ本地区で国道163号が寄り添う。しばらく進むと鉄道だけが木津川を渡って対岸へ。眼下には自動車がやっと一台通ることができる幅の沈下橋が架かる。曲がりくねった川に沿って進み、木津川へ注ぐ白砂川を渡るとサクラ並木に包まれた笠置駅がある。当駅は真言宗智山派の古刹、笠置寺の最寄りである。笠置寺は駅の東側にそびえる笠置山にある。境内の修行道等からは駅構内や川沿いの線路を望むことができる。また駅北側の川原はキャンプ場が整備され、気候の良い季節には行楽客で大いに賑わう。笠置から先も対岸に国道を見ながら川筋をなぞって進む。車窓は森林浴の様相を呈する中、加茂町北地区付近で線路が川岸から離れると住宅街を抜けて正面に橋上駅舎が建つ近代的な駅が現れる。非電化区間の終点加茂駅だ。

亀山 かめやま	【開業年】1890（明治23）年12月25日　【所在地】三重県亀山市御幸町198　【ホーム】3面5線 【乗車人員】2,227人（2017年）　【起点距離】59.9km（名古屋起点）
関 せき	【開業年】1890（明治23）年12月25日　【所在地】三重県亀山市関町新所664　【ホーム】2面2線 【乗車人員】284人（2017年）　【起点距離】65.6km（名古屋起点）
加太 かぶと	【開業年】1896（明治29）年9月21日　【所在地】三重県亀山市加太市場1622　【ホーム】2面2線 【乗車人員】63人（2017年）　【起点距離】71.0km（名古屋起点）
柘植 つげ	【開業年】1890（明治23）年2月19日　【所在地】三重県伊賀市柘植町　【ホーム】2面3線 【乗車人員】327人（2017年）　【起点距離】79.9km（名古屋起点）
新堂 しんどう	【開業年】1921（大正10）年7月15日　【所在地】三重県伊賀市新堂中出318　【ホーム】1面2線 【乗車人員】217人（2017年）　【起点距離】86.1km（名古屋起点）
佐那具 さなぐ	【開業年】1897（明治30）年1月15日　【所在地】三重県伊賀市外山　【ホーム】2面2線 【乗車人員】122人（2017年）　【起点距離】90.5km（名古屋起点）
伊賀上野 いがうえの	【開業年】1897（明治30）年1月15日　【所在地】三重県伊賀市三田　【ホーム】2面4線 【乗車人員】614人（2017年）　【起点距離】94.5km（名古屋起点）
島ヶ原 しまがはら	【開業年】1897（明治30）年11月11日　【所在地】三重県伊賀市島ヶ原5770　【ホーム】2面2線 【乗車人員】132人（2017年）　【起点距離】101.8km（名古屋起点）
月ケ瀬口 つきがせぐち	【開業年】1951（昭和26）年12月28日　【所在地】京都府相楽郡南山城村大字北大河原小字殿田平尾 【ホーム】2面2線　【乗車人員】164人（2017年）　【起点距離】104.8km（名古屋起点）
大河原 おおかわら	【開業年】1897（明治30）年11月11日　【所在地】京都府相楽郡南山城村大字北大河原小字欠ヶ原 【ホーム】2面2線　【乗車人員】52人（2017年）　【起点距離】108.8km（名古屋起点）
笠置 かさぎ	【開業年】1897（明治30）年11月11日　【所在地】京都府相楽郡笠置町大字笠置　【ホーム】1面2線 【乗車人員】219人（2017年）　【起点距離】114.2km（名古屋起点）

鈴鹿川の上流部に架かる橋梁を渡るD51牽引の普通列車。スハフ
42等の急行列車で使用された旧型客車が使用された。昭和40年代
に入り旅客列車の気動車化が進んでいた亀山以西の区間で、柘植か
ら草津線へ入る亀山始発の客車列車は希有な存在となっていた。画
面奥には鈴鹿山脈の西端部を彩る山々の稜線を望むことができる。
◎関～加太　1971 (昭和46) 年8月6日　撮影：安田就視

次位にディーゼル機関車DE10を連結した貨物列車を率いて関駅に差し掛かるD51 654号機。158号機は当時の亀山機関区に所属していた唯一のDE10だった。検査等で兵庫県神戸市にあった鷹取工場へ回送される途中の様子だろうか。
◎亀山〜関　1972（昭和47）年2月28日　撮影：安田就視

蒸気機関車が急勾配に挑んだ加太越えで亀山方の麓にある加太駅。改札口付近のラッチを含め、部材の多くに木を用いた駅舎が周囲の家並みよりも高くなった丘の上に建つ。出入り口付近には郵便ポストが掛けられ、静かな中にも人の息遣い、生活感を感じ取ることができた。◎加太　1972（昭和47）年9月16日　撮影：安田就視

腕木式の遠方信号機が建つ亀山駅の外れで列車を待っていると、荷物列車が煙と共にやって来た。牽引するのは赤地のナンバープレートを装着したD51 895号機。長らく山陰地区で使用され、1971（昭和46）年に福知山機関区から奈良運転所へ転属した。関西本線での活躍は1年半余りだった。◎亀山　1972（昭和47）年9月21日　撮影：安田就視

すっかり川幅が狭くなった鈴鹿川に沿ってD51牽引の下り
貨物列車が走る。正月明けの川原には雪が残り、寒気の中
で機関車から吐き出される煙は後ろにたなびいた。機関車
の後ろに続く2軸の貨車が昭和の時代を呼び起こす。
◎関〜加太 1971（昭和46）年1月8日 撮影：安田就視

大築堤を 6 両編成の亀山行き普通列車が駆け下りて行った。キハ40、47と急行型気動車のキハ58、65が入り混じった編成だ。民営化から未だ日が浅いためか前から 3 両目と最後尾のキハ47にはJRマークが貼られていない。線路に沿う保守用の未舗装道路は柘植方の中在家信号場まで続く。
◎加太〜中在家（信）　1987（昭和62）年 7 月　撮影：安田就視

関西本線随一の難所である加太越えにおける亀山方の
麓に当たる加太駅。駅の近くまで緩勾配が続く中、奈
良方面へ向かう貨物列車を牽引するD51が高らかに
煙を立ち上らせながらやって来た。
◎加太　1968（昭和43）年11月　提供：朝日新聞社

早朝の時間帯に亀山から関西本線経由で草津線へ乗り入れる客車列車が設定されていた。D51が列車の先頭に立ち全区間を通して運転した。関駅の構内にはホーム間に乗降客用の簡易な連絡通路がある。行き交う列車の本数は多くないとはいえ大らかな時代の情景だ。
◎関　1972（昭和47）年3月9日　撮影：安田就視

貨物列車の前後に連結されたD51が黒煙を噴き上げながらゆっくりと進んで来た。鈴鹿山麓に急勾配区間が続く加太越え。関西本線随一の難所を克服するために客車の優等列車や貨物列車には後部補機が連結されることが多かった。
◎加太～中在家（信）　1972（昭和47）年9月2日　撮影：安田就視

キハ28と58の3両編成は奈良行きの普通列車。旧・国鉄時代の末期には急行列車の廃止で余剰気味になっていた急行型気動車が普通列車の運用に就く路線が多くなった。写真の車両はJR西日本の所属。車体側面に白色のJRマークが貼られている。
◎加太〜中在家（信）　1987（昭和62）年7月　撮影：安田就視

加太駅を出た奈良方面へ向かう列車は、大和街道（国道25号）と共に南側車窓に加太地区の家並を見て進む。途中からは25‰の急勾配が連続し、機関車は規則正しいブラスト音と共に煙突から煙を盛大に吐き出していった。峠がある加太トンネル付近まで未だ道のりは長い。
◎加太〜中在家（信）　1970（昭和45）年6月10日　提供：朝日新聞社

キハ35とキハ36二両編成の普通列車が山中に設けられたスイッチバックの信号場を通過して行った。場内よりなおも続く上り勾配に車両の屋上からは排気煙が立ち上る。昭和40年代に入ると、当初は奈良〜大阪地区間へ投入された通勤型気動車は、亀山方の山越え区間にも充当された。◎中在家(信)　1973(昭和48)年1月27日　撮影：長渡 朗

加太駅の近くには白壁が印象的な神福寺（しんぷくじ）がある。鈴鹿山系から続く山間の麓に建つ名刹は当地の名前、駅名の由来となった鹿伏兎（かぶと）氏の菩提寺。鹿伏兎氏は14世紀頃に現在の加太駅北側に居城を築き、一帯を治めた関一党の氏族である。◎加太 2004（平成16）年6月15日　撮影：安田就視

草津線の電車が出入りする柘植駅が近くになると、構内の亀山方にも架線施設が見られるようになる。関西本線の気動車は急坂と長大トンネルが行く手に立ち塞がっていた難所加太越えを過ぎて一息ついたところだ。背景に聳える山は鈴鹿山脈の南端部に位置する油日岳（693m）◎中在家（信）〜柘植　1998（平成10）年11月29日　撮影：安田就視

のりば案内 Track Information

亀山・四日市・名古屋 方面 **2**
for Kameyama, Yokkaichi, Nagoya

貴生川・草津 方面 **3**
for Kibukawa, Kusatsu

柘植駅で発車時刻を待つ草津線の電車。柘植を含む草津線の沿線は京都、大阪への通勤圏であり朝の時間帯には東海道本線を大阪方面へ乗り入れる列車が数本ある。また夕刻には京都発柘植行きの列車が設定されている。朝夕には当駅で関西本線の列車と短時間で接続が図られているものもある。◎柘植　2015（平成27）年8月18日

柘植駅
TSUGE STATION

壁面に補強を施された木造駅舎が建つ柘植駅。加太越えの奈良方にあり二面三線のホームを備える構内はゆったりとしている。草津線の終点で列車の発車時刻が迫ると三々五々乗客が集まって来る。しかし駅前周辺に店舗等はなく終日閑散としていることが多い。
◎柘植　1982（昭和57）年8月　撮影：安田就視

冷房装置を屋上に備えるキハ58の普通列車が停車する柘植駅。当駅には関西本線の他、草津線の電車が発着する。1番乗り場と中線は
非電化のままだが、普段は関西本線の亀山方面へ向かう列車が発着する2番乗り場には集電施設があり電車の入線も可能だ。
◎柘植　1991（平成3）年4月8日　撮影：荻原二郎

中在家信号場へ向かってD51が荷物列車を牽引して行った。定期旅客列車のほとんどが気動車化された後も関西本線には荷物車や郵便
車で組成された専用列車が設定されていた。1973（昭和48）年に牽引機はDD51に引き継がれ、小荷物輸送が大幅に縮小した昭和末期ま
で運転された。◎加太～中在家（信）　1972（昭和47）年7月26日　撮影：野口昭雄

柘植を過ぎると線路は伊賀盆地へ向かって平坦で直線的な道のりとなる。JR世代の新型気動車キハ120の足どりも軽やかになった。西へ向かう小さな列車を那須ケ原山（800m）や高畑山（773m）等、鈴鹿峠付近にそびえる峰々が見守っていた。◎柘植〜新堂　1998（平成10）年11月29日　撮影：安田就視

切妻の大屋根が被さる伊賀上野駅舎。関西本
線では城下町上野市（現・伊賀市）の最寄り
駅だが、旧国鉄時代には今日のような整備は
されていなかったようだ。壁面は全て板貼り
で、屋根瓦は待合室付近等が葺き替えられ、
経年で傷んだ箇所が見受けられる。◎伊賀上
野　1982（昭和57）年8月　撮影：安田就視

満開を迎えた桜並木の下にキハ120の普通列車が停車した。関西鉄道の駅として明治期に開業した佐那具駅は三重県伊賀市の東部にある里山の小駅。古い歴史を物語るかのようにホームに壁面には気動車に対応すべく旧来の石積みよりも嵩上げされた痕跡が見られる。ホーム上にある簡易な造りの待合室は木製だ。◎佐那具　2018（平成30）年4月2日

中線に停車するC58の反対側から貨物列車を牽引するD51が姿を見せた。ホームでは旗を手にした駅員が列車に向かって敬礼している。手前には通過列車が用いる通票キャリアの受け取り装置がある。機関車の運転席からキャリアを入れる部分は渦巻き状の個性的なかたちだ。
◎伊賀上野　1971（昭和46）年　撮影：野口昭雄

伊賀上野駅の中線で煙を上げ、シリンダーから盛大に蒸機を吐くC58。その後ろには数両のタンク車、緩急車が続く。当駅では近畿日本鉄道伊賀線（現・伊賀鉄道）との間で貨物の授受が行われていた。そのため、構内で貨車の入れ替えに勤しむ機関車の姿を見ることができた。◎伊賀上野　1971（昭和46）年　撮影：野口昭雄

木津川の開けた渓谷に沿って走る急行「かすが」。旧国鉄時代の最盛期には名古屋～湊町間に3往復を運転していた。写真は利用率の低下に伴い、グリーン車が編成から外された後の姿。キハ28、58で組成されたモノクラス編成である。
◎島ケ原～伊賀上野　1983（昭和58）年9月7日　撮影：安田就視

緑濃い木津川に沿って走る普通列車。一般型気動車が運用に
就いていた旧国鉄時代には昼間等の閑散時間帯にも４両編成
程度の列車を運転していた。キハ40等の新系列車両が登場し
た昭和50年代の中頃から、他の普通用気動車も車体塗装を朱
色５号の一色塗りに変えられていった。
◎大河原～笠置　1983（昭和58）９月７日　撮影：安田就視

伊賀地方の歴史散策を楽しむ上で行者堂や旧本陣等の最寄り駅である島ケ原。駅のある集落は国道沿いから若干外れており地区内を大和街道が横切る。駅前の広場には地蔵を祀った祠が建つ。現在は伊賀上野方へ1.5kmほど離れた木津川沿いに温泉施設もある。
◎島ケ原　1982（昭和57）年8月　撮影：安田就視

昭和20年代末期より普通旅客列車の気動車化が進められた関西本線。近代型気動車の先駆けとなったキハ17等が昭和50年代まで活躍した。同車両は後に登場したキハ20等に比べて車体の断面形状がひと回り小さい。前面の窓等も車体に比べると小さな造りである。
◎笠置〜大河原　1978（昭和53）年4月15日　撮影：安田就視

笠置山の麓を縫って木津川の南岸を進む。木々の間に延びる線路上に雑多な形式の気動車で編成された普通列車が現れた。この界隈で列車の側面は北側を向く区間が多く、日足の長い季節でなければ列車に陽光は当たり辛い。◎大河原〜笠置　1983（昭和58）年9月7日　撮影：安田就視

近郊型気動車キハ45を先頭にした普通列車が桜花に彩られた笠置駅を発車して行った。優しい春の景色にはクリーム色と赤色の旧国鉄塗装が馴染む。構内の外れには万が一列車が過走した際に対向列車との接触事故等を防ぐ方策として安全側線が設置されている。◎笠置　1978（昭和53）年4月15日　撮影：安田就視

昭和30年代に奈良〜湊町間のフリークエントサービス用に投入
されたキハ35、36等の通勤型気動車は、後に亀山方面の運用に
も充当された。昭和末期のいで立ちは朱色5号の一色塗り。深
緑の中に反対色が浮かび上がった。
◎笠置〜大河原　1983（昭和58）年9月7日　撮影：安田就視

桜並木の下を行くキハ35、36の普通列車。昭和50年代前半に撮影された姿はクリーム色と赤色二色塗りの旧国鉄一般形気動車塗装である。ロングシートの車内は70km以上の距離がある亀山〜奈良間を乗り通すには少々キツかった。
◎笠置〜加茂　1978（昭和53）4月15日　撮影：安田就視

笠置駅舎は切妻屋根、モルタル塗りの壁、鋼製の窓枠を備えた質実剛健な造り。広く開いた出入口には桜の開花期等、繁忙期に駅へ出入りするお客を仕切る簡易なラッチ状の柵がある。駅前には桜の木が植えられ、遠来の客を笠置山へ誘う。
◎笠置　1982（昭和57）年8月　撮影：安田就視

列車は笠置駅周辺で広々とした木津川の流れに沿って進む。沿線には桜の並木が続き、開花期ともなれば列車に乗りながら絶景を楽しむことができる。窓の開く旧・国鉄型車両では、風に舞った花弁が車内へ吹き込んで来たことも。春の温もりを観て触って体感できた。
◎笠置　1978（昭和53）年4月15日　撮影：安田就視

４月の声を聞く頃には桜花爛漫の華やいだ雰囲気に包まれる笠置駅も春先は未だ裸木の中。それでも明るい気動車急行色に身を包んだキハ55と思しき車両が構内に華を添える。隣の乗り場にはD51が単機で停車中。静かな佇まいの小駅がにわかに賑わった。
◎笠置　1972（昭和47）年３月16日　撮影：荻原二郎

地上駅舎時代の加茂駅。深い屋根を持つ木造建築で、出入り口付近には二階部分が設けられていた。駅舎付近から路線バスが発着し、建物の壁面にはベンチが並んでいる。ホーム側のように上屋が駅舎本体から張り出しており、柱ごとにバスの行先を記載した札が付いている。画面左手に大きなバスの時刻表が掛かっている。
◎加茂　1972（昭和47）年9月30日　撮影：荻原二郎

夏休みのある一日。ホーム上ではたくさんの子どもが
亀山行きの列車を待っていた。加茂〜木津間の電化開
業は1988（昭和63）年だが、側線には電化区間で使用
される電車が留め置かれている。当時、関西本線の電車
が所属していた日根野電車区からの疎開車両だろうか。
◎加茂　1982（昭和57）年8月　撮影：安田就視

1968（昭和43）年10月１日ダイヤ改正時の関西本線下り列車時刻表。名古屋〜亀山間には紀勢本線へ向かう特急、急行列車を含めて、多くの優等列車が設定されていた。奈良方面へ向かう列車は急行「かすが」と臨時急行の「大和路」。東京からの寝台急行「紀伊」は亀山で紀伊勝浦、鳥羽行きと奈良行きの編成を切り離していた。奈良編成は奈良から王寺まで普通列車として運転していた。◎提供：国会図書館

3章

加茂～ JR難波

大和路と商都大阪を結ぶ、JR西日本管内の電化区間

鉄道施設として現役であった頃の奈良駅舎。1934（昭和9）年竣工の二代目駅舎は、寺院を彷彿とさせる重厚な造りで駅の顔として広く親しまれた。現在は整然としている駅前広場には自転車等が多く留め置かれ、昭和期の鷹揚であった時代を窺わせる。
◎奈良　1979（昭和54）年3月24日　撮影：安田就視

加茂〜 JR難波

新旧の奈良駅舎が古都の風情を表現

1988（昭和63）年に木津〜加茂間が電化され、加茂から大阪方面へ向かう直通列車が設定された。当駅以西の電化区間には大和路線の愛称が付けられている。亀山からの列車は島式ホームに挟まれた2番線に入ることが多く、両側のホームに停車する電車へ跨線橋等を利用せず簡単に乗り換えることができる。

加茂駅の周辺は家屋が立ち並ぶ新興住宅地の風情だが、駅を発車すると車窓はすぐに里山の田園風景に様変わりする。大野山（204m）の南麓をトンネルで抜け、京都府南端部の街である木津川市内の木津駅へ。当駅へは関西本線の他に奈良線、片町線が乗り入れる。木津に発着する奈良線の全列車は関西本線へ入って奈良駅まで運転する。関西本線の下り列車は4番乗り場。奈良方面へ向かう奈良線の列車は3番乗り場から発着する。なお奈良駅から片町線への直通列車は早朝のみの運転だ。

列車は平城ニュータウンが造成された丘の下を行く。左手に大規模な車両基地が見えると平城山駅。周囲に堀が造られている古墳群を右手車窓に望んで奈良の市街地へ入る。高架橋の下に現在は観光案内所等に使用されている旧駅舎の大屋根が見えると奈良駅に到着する。

市内に数多くの寺社があり、古都の雰囲気を湛える奈良市。鉄道玄関口の一つであるJR奈良駅は島式ホーム3面5線を備える三階建て構造の高架駅だ。2010（平成22）年に高架化されるまでは車両基地や貨物を取り扱う施設が隣接し、現在以上に地域鉄道の一大拠点という様相を呈していた。地平にあったホームからは機関車の向きを変えるための施設である転車台や扇形庫を眺めることができた。また毛細血管のように構内に敷き詰められた側線、留置線には多くの貨車、気動車等が留め置かれていた。背の高い構内灯は夜間にも出入りする車両を強い光で照らし出した。

現在も駅の側に姿を留める旧奈良駅舎は寄棟屋根の頂点部に相輪を備え、寺院を模した造りで長らく観光都市奈良を象徴する存在だった。駅の高架化に際して取り壊される予定であったが保存を望む声が高まる中、元の所在地より北へ18m移動した上で奈良市総合観光案内所として活用されている。建物の移動には曳家と呼ばれる工法が用いられた。曳家とは建物の下にコロ等を敷いて、建造物を分解することなく動かす手段である。

一方、近代的な姿になった現在の駅だがホームに見られる伽藍調の装飾、建物天井部の格天井を想わせる造り等、寺社を意識した設えが随所に盛り込まれている。ホーム階を彩る5色のカーテンウォールは、奈良らしさを指す「青丹によし」を現代的に表現している。

大和川の流れを縫って
大阪ミナミの街中へ

奈良駅からは桜井線が分岐する。構内を出るとすぐに単線の高架橋が東へ離れていった。市内を見下ろしながら進むと線路は程なくして地平部へ降り、国道24号奈良バイパスを潜った先で北側に並行してきた佐保川を渡る。国道と県道を結ぶ道路を潜ると金魚の養殖等で知られる大和郡山市内のJR駅である郡山に着く。駅前は閑散とした雰囲気が漂っているが、構内南側の通りを800mほど進むと近畿日本鉄道橿原線の近鉄郡山駅がある。こちらは郡山城址の近くにあり、駅前にはショッピングセンター等が建つ。

関西本線は盆地の中を南西方向へ進む。大和郡山市内を縦貫する広い県道を潜ると金魚の養殖に用いられてきた池が点在する。近鉄橿原線、大和中央通りを潜ると郡山市内にある大和小泉駅。さらに田園地帯の中を駆け抜けて飛鳥時代に聖徳太子が創建したとされる法隆寺の最寄り駅である法隆寺に着く。寺院へは駅から北へ1.5kmほどの距離だ。鉄道の沿線は新興住宅地が続き、大和川を渡って斑鳩町から王寺町へと足を進める。

近畿日本鉄道田原本線、国道25号を潜ると前方に王寺駅の広い構内が見える。三方を川に囲まれた王寺町の中心地にある鉄道駅はJR和歌山線の起点である。また近畿日本鉄道の生駒線の王寺駅、田原本線の新王寺駅が隣接する。地域に張り巡らされた鉄道

網のハブ的な役割を担う駅だ。王寺を過ぎると列車は大和川の流れと共に大阪方面へ続く谷筋を走る。蛇行する川を鉄道は何度も渡る。大和川に架かる橋梁の中で三郷～河内堅上間にある第四大和川橋梁は桁受け用の鋼製トラスを備える個性的な姿が目を惹く。駅の近くに古墳時代の横穴墓群を残す史跡公園がある高井田を過ぎると谷間は開けた雰囲気になる。

近畿日本鉄道大阪線を潜り、柏原市の市街地にある柏原駅に着く。当駅には近畿日本鉄道道明寺線が乗り入れる。また先程交差した近鉄大阪線の堅下駅が東へ400mほど離れた所にある。周囲は大阪市の近郊となりにわかに家屋が建て込み始める。国道170号外環状線を潜った先の志紀は八尾市内の駅。市の名前を冠した八尾駅を経て久宝寺駅に至る。駅の周辺にはかつて貨物輸送の一大基地であった竜華操車場、竜華機関区があった。施設の廃止後に地域の再開発が行われ、巨大なビルや病院が建つ現在で

は当時の賑わいを偲ぶ由もない。近畿自動車道、中央環状線を潜っておおさか東線、城東貨物線と関西本線がかたちづくる三角線状の中にある加美駅へ。当駅の北側にはおおさか東線の新加美駅が隣接する。平野駅の先に広がるのは百済貨物ターミナル。両駅間には関西本線の貨物支線がある。

国道25号の旧道を跨ぎ阪和線とあびこ筋を潜ると大阪ミナミのターミナル駅天王寺に到着。天王寺からは大阪環状線と並行して進む。右手車窓に天王寺動物園の森を見て阪神高速14号松原線を潜る。新今宮駅の前後では阪堺電気軌道阪堺線を跨いで南海本線を潜る。隣の今宮駅を出ると大阪環状線と離れて進行方向は北へ大きく曲がる。地下へ通じるなにわトンネルへ入り、前方に明かりが差すとかつては湊町の駅名で親しまれた終点JR難波駅に到着する。島式ホーム2面4線の構内は、将来のなにわ筋線延伸を見込んで通過構造になっている。

加茂 かも	【開業年】1897 (明治30) 年11月11日	【所在地】京都府木津川市加茂町駅西1－6－3	【ホーム】2面3線	
	【乗車人員】2,296人 (2017年)	【起点距離】120.9km (名古屋起点)		
木津 きづ	【開業年】1896 (明治29) 年3月31日	【所在地】京都府木津川市木津池田116－2	【ホーム】2面4線	
	【乗車人員】4,674人 (2017年)	【起点距離】126.9km (名古屋起点)		
平城山 ならやま	【開業年】1985 (昭和60) 年12月1日	【所在地】奈良県奈良市佐保台1－840－1	【ホーム】2面2線	
	【乗車人員】1,341人 (2017年)	【起点距離】130.1km (名古屋起点)		
奈良 なら	【開業年】1890 (明治23) 年12月27日	【所在地】奈良県奈良市三条本町1－1	【ホーム】3面5線	
	【乗車人員】18,307人 (2017年)	【起点距離】133.9km (名古屋起点)		
郡山 こおりやま	【開業年】1890 (明治23) 年12月27日	【所在地】奈良県大和郡山市高田口町104－1	【ホーム】2面2線	
	【乗車人員】5,151人 (2016年)	【起点距離】138.7km (名古屋起点)		
大和小泉 やまとこいずみ	【開業年】1920 (大正9) 年8月25日	【所在地】奈良県大和郡山市小泉町492－3	【ホーム】2面2線	
	【乗車人員】8,006人 (2016年)	【起点距離】142.5km (名古屋起点)		
法隆寺 ほうりゅうじ	【開業年】1890 (明治23) 年12月27日	【所在地】奈良県生駒郡斑鳩町興留9－1－1	【ホーム】2面2線	
	【乗車人員】7,251人 (2016年)	【起点距離】145.7km (名古屋起点)		
王寺 おうじ	【開業年】1890 (明治23) 年12月27日	【所在地】奈良県北葛城郡王寺町久度2－6－10	【ホーム】3面5線	
	【乗車人員】24,366人 (2017年)	【起点距離】149.3km (名古屋起点)		
三郷 さんごう	【開業年】1980 (昭和55) 年3月3日	【所在地】奈良県生駒郡三郷町立野南2－10－17	【ホーム】2面2線	
	【乗車人員】2,065人 (2016年)	【起点距離】151.1km (名古屋起点)		
河内堅上 かわちかたかみ	【開業年】1927 (昭和2) 年4月19日	【所在地】大阪府柏原市大字青谷488－1	【ホーム】2面2線	
	【乗車人員】377人 (2017年)	【起点距離】154.0km (名古屋起点)		
高井田 たかいだ	【開業年】1985 (昭和60) 年8月29日	【所在地】大阪府柏原市大字高井田687－3	【ホーム】2面2線	
	【乗車人員】4,589人 (2017年)	【起点距離】156.4km (名古屋起点)		
柏原 かしわら	【開業年】1889 (明治22) 年5月14日	【所在地】大阪府柏原市上市1－1－32	【ホーム】2面4線	
	【乗車人員】11,108人 (2017年)	【起点距離】158.8km (名古屋起点)		
志紀 しき	【開業年】1909 (明治42) 年4月1日	【所在地】大阪府八尾市志紀町3－7	【ホーム】2面2線	
	【乗車人員】10,716人 (2017年)	【起点距離】160.5km (名古屋起点)		
八尾 やお	【開業年】1889 (明治22) 年5月14日	【所在地】大阪府八尾市安中町3－9－15	【ホーム】2面2線	
	【乗車人員】13,146人 (2017年)	【起点距離】163.1km (名古屋起点)		
久宝寺 きゅうほうじ	【開業年】1910 (明治43) 年12月1日	【所在地】大阪府八尾市龍華町2－3－1	【ホーム】2面4線	
	【乗車人員】17,350人 (2017年)	【起点距離】164.3km (名古屋起点)		
加美 かみ	【開業年】1909 (明治42) 年4月1日	【所在地】大阪市平野区加美鞍作1－1－37	【ホーム】2面2線	
	【乗車人員】9,111人 (2017年)	【起点距離】166.0km (名古屋起点)		
平野 ひらの	【開業年】1889 (明治22) 年5月14日	【所在地】大阪市平野区平野元町9－12	【ホーム】2面3線	
	【乗車人員】11,428人 (2017年)	【起点距離】167.5km (名古屋起点)		
東部市場前 とうぶしじょうまえ	【開業年】】1989 (平成元) 年11月11日	【所在地】大阪市東住吉区杭全1－10－24	【ホーム】2面2線	
	【乗車人員】7,834人 (2017年)	【起点距離】169.0km (名古屋起点)		
天王寺 てんのうじ	【開業年】1889 (明治22) 年5月14日	【所在地】大阪市天王寺区悲田院町10－45		
	【ホーム】5面5線 (頭端式)・4面7線 (島式)	【乗車人員】147,871人 (2018年)	【起点距離】171.4km (名古屋起点)	
新今宮 しんいまみや	【開業年】1964 (昭和39) 年3月22日	【所在地】大阪市浪速区恵美須西3－17－1	【ホーム】2面4線	
	【乗車人員】66,083人 (2018年)	【起点距離】172.4km (名古屋起点)		
今宮 いまみや	【開業年】1899 (明治32) 年3月1日	【所在地】大阪市浪速区大国3－13－13	【ホーム】計3面4線 (2層式)	
	【乗車人員】4,605人 (2017年)	【起点距離】173.6km (名古屋起点)		
JR難波 じぇいあーるなんば	【開業年】1889 (明治22) 年5月14日	【所在地】大阪市浪速区湊町1－4－1	【ホーム】2面4線	
	【乗車人員】24,387人 (2018年)	【起点距離】174.9km (名古屋起点)		

広々とした構内配線を備えていた非電化時代の木津駅。
島式ホームの上にはゆったりとした広さの待合室があっ
た。また関西本線と片町線、奈良線が集まる当駅は貨物
輸送の拠点でもあった。ホームの向う側に何本も敷かれ
た留置線には、たくさんの貨車が留め置かれている。
◎木津　1970 (昭和45) 年9月16日　撮影：荻原二郎

木津駅舎の玄関付近。壁面窓に施された斜め線を組み合わせた装飾は明治期に開業した長い歴史を感じさせる。線路は駅舎よりも高くなった築堤上に敷設されていた。そのためホームとは改札口から線路下の通路を通り階段で連絡していた。
◎木津　1970（昭和45）年9月16日　撮影：荻原二郎

木津駅を発車するD51牽引の貨物列車。二軸貨車の後ろにはコンテナ車、砕石等を運ぶホッパ車が連なり、いくつかの途中駅が終着となる貨車を併結した列車であることが察せられる編成だ。718号機は関西本線の蒸気機関車全廃時まで当地で活躍。最後は山陰本線の長門機関区へ転属した。◎木津　1972（昭和47）年　撮影：野口昭雄

関西本線経由で名阪間を結んでいた急行群は東海道本線や近畿日本鉄道の列車に比べて所要時間が長く、昭和40年代に入ると衰退が著しかった。快速に格下げされた列車の中には、短命に終わった特急「あすか」と同名のヘッドマークを掲出するものがあった。
◎木津　1973（昭和48）年5月13日　撮影：野口昭雄

奈良線の電化に伴い投入された105系。奈良線の列車は京都〜奈良間の運転なので、関西本線の木津〜奈良間にも入線するようになった。103系からの改造車は種車と同じ4扉の仕様である。1994（平成6）年に奈良線の運用から外れ和歌山線、桜井線で使用されるようになった。◎平城山　1990（平成2）年

阪和線で使用されていた205系は2018（平成30）年より奈良線、関西本線木津〜奈良間の普通列車運用に転用された。阪和線時代の青帯を巻いた出で立ちのまま、ウグイス色の103系と共通で使用されている。編成は従来の6両から4両に短縮された。◎木津　2019（平成31）年3月18日

片町線の起点、木津駅に停車する片町行き快速の103系。長らく気動車がのんびりと行き来していた木津〜長尾間が電化されたのは民営化後の1989(平成元)年3月11日。JR東西線の開業時に廃止された京橋〜片町間を含む全区間の電化が完成し、快速列車が増発された。
◎木津 1990(平成2)年 撮影：野口昭雄

奈良の旧国名を冠した急行「大和」

1949(昭和24)年9月に東京〜名古屋間へ設定された準急列車は、翌年10月に急行化されて運転区間は東京〜湊町、鳥羽間に延長された。同年11月に列車名を「大和」とした。

「大和」は1954(昭和29)年から鳥羽編成を外した東京〜湊町間の列車になった。以降、年を追って二等車、二等寝台車が連結され、幹線の優等列車に相応しい豪華な編成に成長していった。また、王寺駅で客車1両ではあったが和歌山線の普通列車を増解結した。1968

(昭和43)年9月時点で湊町行きの亀山駅発車時刻は午前6時48分。日の長い時期であれば斜光が差し込む加太〜中在家間の大築堤を上る堂々たる編成を見ることができた。さらに昭和30年代までは列車編成の前後に蒸気機関車が連結されていた。

関西本線の優等列車らしい名称の「大和」だったが、コン・サン・トオダイヤ改正時に急行「紀伊」へ統合されて列車名は消滅。「紀伊」として残った湊町編成も1972(昭和47)年3月に廃止された。

寺院の本殿に似せた姿の二代目駅舎が現役であった頃の奈良駅前。駅舎の後ろに上る蒸気機関車の煙が活気溢れる構内の様子を窺わせる。画面左手は貨物をホームへ搬入搬出する部署で三角屋根の上屋が被さっている。駅前広場では緑豊かな植え込みや木立が旅行客を出迎える。
◎奈良　1972（昭和47）年９月30日　撮影：荻原二郎

『奈良市史』に登場する関西本線

関西鉄道と大仏線

　関西鉄道は明治20（1887）年、滋賀県の阿部市郎兵衛・井伊直憲らが発起した計画に、滋賀県知事中井弘（明治26年11月から京都府知事）が世話をしてすすんだという。はじめの計画は、滋賀・名古屋・三重・大阪・京都を結び、さらに京都から丹波を経て宮津までの路線も予定していた。創立委員代表には木村誓太郎・谷元道之（東京馬車鉄道の創始者）らがなって政府に特許申請した。

　しかし、政府つまり内閣の鉄道局は、東の木曽川を渡る工事、北は丹波の山間部をとおる工事は不可能と指摘したから、計画の練りなおしとなった。翌明治21（1888）年正月23日にはあらためて「関西鉄道会社設立并起業ノ議ニ付請願」として、「草津〜四日市間、桑名〜四日市間、河原田〜津間の三線同時着手、六ヶ年ヲ期シ竣功」させる予定とした。

　これにたいし、同年2月13日の鉄道局長官の総理大臣宛への具申を要約すると、「これまでのいろいろな指令つまり仮免状とみなされるものは、すべて無効にして新しく免許状を下付してもよい。なお、請願中にある、将来、大阪鉄道の線路と連結させることは望ましいことである」としている（公文類聚）。

　さっそく、工事がすすめられ、明治23（1890）年12月15日には四日市と官設鉄道の草津間（79.4キロ）が開通、河原田〜津間は亀山〜津間（15.7キロ）に路線の変更を許可されて、翌24年の11月4日に開通した。四日市〜桑名間（13.2キロ）も一部線路の変更を許され、明治27（1894）年7月には桑名仮駅と結び、翌年5月、桑名駅まで開業した。この間、官設鉄道名古屋駅と接続させる苦労をつづけ、ようやく明治29（1896）年7月に、愛知駅（官鉄名古屋駅から543.2メートル）を開設、関西鉄道は自社の起点とした。

　これよりさき関西鉄道は明治26（1893）年2月18日、柘植から奈良までの線路延長を申請し、3月の鉄道会議で承認された。ところが、この区間は、すでに政府の「鉄道敷設法」による予定線になっていたが、27年6月に認可（法律第13号）があり、翌28年1月28日に免許状の下付を得たのであった。ただちに着工、29年末には柘植〜上野間（14.6キロ）が竣工、翌年10月には上野〜加茂間（26.3キロ）を開業させた。31（1898）年4月19日になって、加茂〜大仏駅（現奈良市法蓮町）間（8.8キロ）が開通した。名古屋から奈良へ鉄道が通じたのである。そして、翌32年5月には大仏駅は奈良駅に連絡した。
（中略）

関西鉄道から国有鉄道へ

さきにのべたように、関西鉄道は、明治31（1898）年、木津から大阪網島へ路線を通じたが、このころから大阪鉄道を合併する意見が出はじめた。大阪鉄道もこれに応じて交渉をすすめたが、合併条件があわずいったんは決裂した。しかし、山陽鉄道社長松本重太郎の仲介が功を奏し、33年6月、大阪鉄道が全財産を関西鉄道に譲って任意解散、合併が実現した。

　このころから、関西鉄道と官営東海道線との間で、大阪〜名古屋間の貨客の争奪をめぐって運賃引き下げ競争が激しくなり、35年8月になると、関西鉄道は手拭いなどの粗品サービスをしたりした。そのため9月には、双方で覚書をかわして、行きすぎた競争を自粛することにし、名古屋方面では翌36年、名古屋商工会議による調停がまとまった。これをうけて同年11月、両者で話しあって京都〜奈良間に連絡列車を走らせている。『大阪朝日新聞』（明治36年11月21日付）によると、つぎのとおりである。

　新橋〜京都・奈良往復　2等13円20銭　3等7円60銭
　名古屋〜京都・奈良往復　2等5円20銭　3等3円0銭
　大阪〜京都・奈良往復　2等1円80銭　3等1円20銭
　神戸三の宮〜京都・奈良往復　2等2円80銭　3等1円60銭
　通用　新橋15日　名古屋10日　三の宮10日間

　そのあと、近畿の諸鉄道の間に合併の気運が高まり、37年末、奈良鉄道も関西鉄道への合併を決定、翌38年2月7日に引き渡しを完了して解散した。関西鉄道では、加茂から新木津（いまの新木津駅ではない）までの路線と新木津駅を廃止し、39年8月になって、大仏線は廃線にすることを決定した。

　なお、奈良県には大阪鉄道・奈良鉄道のほか南和鉄道（高田〜五條間、明治29年開通）と紀和鉄道（五條〜和歌山間、明治31年開通）があったが、紀和鉄道は明治37年8月に、南和鉄道は12月に、いずれも関西鉄道に合併した。こうして、奈良県内の鉄道はすべて関西鉄道の傘下に入ることになった。

　ところが、この年の3月31日、鉄道国有法の公布があり、関西鉄道も全国の主要な私設鉄道16社とともに国有化の対象とされた。日露戦争の軍事輸送の経験から一貫輸送の必要を痛感した軍部の強い要望によるものであった。関西鉄道では、鉄道国有法が買収の対象としている幹線にあたらないとして、総理大臣宛国有除外請願書を提出するとともに貴衆両院にも懇願書を送ったりしたが、除外はもちろん認められなかった。40年4月4日の逓信省告示第233号をもって、政府への引き渡し日は10月1日と指定された。その当日、湊町事務所で、関西鉄道社長と帝国鉄道庁総裁との間で引き継ぎがおこなわれ、線路481.5キロ（未開業29.4キロをふくむ）、車両1965両（機関車121両、客車571両、貨車1273両）など一切の財産が国に引き渡された。買収価格は3612万9873円33銭4厘であった（明治41年10月決定）。こうして、県内の鉄道はすべて国有鉄道となったのである。

奈良運転所の転車台に乗ったD51 1013号機。連結器周り等に錆が浮き、酷使されている様子が窺われる。加太越え等、山間部の勾配区間を走る仕業に就く対策として煙突に集煙装置を装着し、重油併燃用の燃料タンクをボイラー上に載せている。
◎奈良　1971（昭和46）年11月8日　撮影：野口昭雄

昭和40年代に入ると古都奈良の駅前にはビルが建ち並び始めた。大阪方面へ向かう貨物列車を牽引してD51が駅を発車して来た。盆地の冬は冷え込みが厳しく白煙が北西風に乗って宙を流れる。画面右手に分かれる線路は桜井線で現在は「万葉まほろば線」の愛称がある。
◎奈良　1973（昭和48）年1月28日　撮影：野口昭雄

奈良気動車区に新製車両として大量投入されたキハ35、キハ36。正面貫通扉の渡り板部分に車両番号が大きく書かれている。同車両の運用に伴い湊町～奈良間で国電型の定間隔運行ダイヤを導入。「オールディーゼルカー」「待たずに乗れる関西本線」と広く宣伝された。
◎奈良　1962（昭和37）年9月2日　撮影：荻原二郎

短命に終わった特急「あすか」

　紀伊半島の沿岸をなぞるような経路で天王寺～名古屋間を結んでいた特急「くろしお」。「くろしお」運用の間合いを利用して設定されたのが特急「あすか」だった。非電化路線の特急ネットワークに貢献したキハ82系を投入した「くろしお」と同じ1965（昭和40）年3月より運転を開始。東和歌山（現・和歌山）～名古屋間に阪和線、関西本線経由で1往復の設定だった。杉本町～八尾間は関西本線の支線だった通称阪和貨物線を通り、天王寺駅等大阪市内の拠点駅を経由しない経路を取った。運転時刻は短い運転期間の中にあって数回変更されたが概ね上り列車は東和歌山を朝に発車して名古屋へ昼前に到着。下り列車は名古屋を夕刻に出て日付が変わる直前に東和歌山へ到着するダイヤだった。

　利用客の利便性に配慮を欠いた列車の乗車率は当初より厳しかった。運転開始から1年後の秋には全車自由席として運賃を下げ乗客の増加を図った。しかし、それも効果的な方策とはならなかった。低迷が続く中で「あすか」は1967年10月のダイヤ改正を以って廃止。関西本線の大阪、奈良方から名車キハ82は姿を消した。

◎奈良　1965（昭和40）年2月3日　提供：朝日新聞社

奈良駅を発車するD51牽引の客車列車。構内の側線には貨車が留め置かれている。また画面左手にはアシュピットが掘られた機関車の整備線があり、運転所のごく一部が見られる。奈良駅周辺に貨物駅から車両基地まで多くの機能が集約されていた時代の情景だ。◎奈良　1971（昭和46）年10月28日　撮影：野口昭雄

区内へ頻繁に出入りする蒸気機関車に石炭を積み込むため、運転所には大型のガントリークレーンが設置されていた。線路の傍らには石炭が渦高く積まれている。その奥には新旧2つの給水塔が建つ。2台のD51がほのかに煙を上げて出区する時刻を待っていた。
◎奈良　1971（昭和46）年11月8日　撮影：野口昭雄

奈良駅に到着した快速列車。先頭は片運転台で便所を備えていないキハ36。車内は全ての座席がロングシートになっている。キハ35と共に運用すべく製造された車両だったが、より取り回しの利く両運転台車のキハ30が量産された影響を受け、総製造量数は49両と同系列の車両では少数派となった。◎奈良　1972（昭和47）年9月30日　撮影：荻原二郎

マンションが建ち並ぶ新興住宅街を行く221系の快速列車。奈良市と京都府下の木津市等に跨る平城ニュータウンの東部にある平城山駅は1985（昭和60）年の開業。関西本線で運用される車両の基地である吹田総合車両所奈良支所が隣接する。
◎奈良～平城山　1998（平成10）年11月28日　撮影：安田就視

ヨン・サン・トウのダイヤ改正以降は蒸気機関車が大人気。1972（昭和47）年には鉄道開業100周年を迎えて鉄道がより注目を浴びる中で蒸気機関車が健在だった関西本線では臨時列車「伊賀号」が仕立てられ、D51が12系客車の先頭に立った。写真の列車は湊町〜柘植間で運転された。◎1972（昭和47）年　撮影：野口昭雄

関西本線を走ったD51 1

　関西本線亀山〜奈良間で運転していた蒸気機関車牽引の列車は1973（昭和48）年10月1日を以って廃止された。しかし、その後も蒸気機関車牽引のイベント列車が奈良〜柘植間に数回に亘って入線した。牽引機は梅小路蒸気機関車館（現・京都鉄道博物館）で動態保存、展示されていたD51 1号機だった。鉄道開業100周年記念行事の一環として開館した梅小路へ同機がやって来たのは1972年9月30日。転属から間もなくして奈良線、東海道本線、草津線、関西本線へ乗り入れる臨時列車の牽引に当たった。

　転属年の11月まで本線上での運転が実施された。そして翌年には夏休み期間中の8月3日に京都〜奈良〜伊賀上野〜柘植の行程で団体臨時列車「SLの旅　伊賀忍者号」を牽引した。さらに関西本線の蒸気機関車が終焉を迎えた後の11月に、同様な行程でつごう3日間に亘り関西本線へ入線した。思えば伊賀地方の山間区間を行く臨時運用は東北本線や山陰本線等、現役時代に走り続けた路線では常に「さよなら列車」等で先頭に立ってきた同機が走り抜けた最後の花道であった。以降、1号機が本線上を走ることはなかった。1986（昭和61）年には廃車となり、現在も他の名機とともに館内の扇形庫で保存展示されている。

大和郡山市の東側に当たる外堀緑地の近くにある郡山駅。城址や市役所等がある市の中心部からは若干離れており、駅前周辺は昭和40年代まで閑散とした雰囲気が漂っていた。地上にあった駅舎は切妻屋根の簡潔な構造。出入り口に被さる上屋は柱のない簡素な設えである。◎郡山　1972 (昭和47) 年3月15日　撮影：荻原二郎

沿線に黄金色の稲穂が実る大和郡山市の郊外を行く快速列車。昭和40年代の後半までキハ17等、昭和20年代に登場した近代型一般気動車の第一陣となった車両がキハ35等の後継車に混じって充当された。クリーム色と赤色の旧・国鉄一般型気動車塗装が良く似合う。◎郡山〜大和小泉　1972 (昭和47) 年10月8日　撮影：野口昭雄

おおさか東線新大阪～放出間の開業で、大阪市内を南北に短絡する旅客線と関西本線が繋がった。同時に奈良～新大阪間を結ぶ直通快速が運転を開始した。おおさか東線の延伸開業までは尼崎～放出間に運転されていた網干総合車両所明石支所所属の車両が快速運用を引き継いだ。◎郡山～大和小泉　2019（令和元）年10月5日

大阪鉄道の奈良～王寺間開業に伴い、明治期に開業した法隆寺駅。世界最古の木造建造物である法隆寺の最寄り駅である。地上に建っていた頃の駅舎はやや大振りな木造だった。出入り口付近の柱に取り付けられた補強部分には、寺院を彷彿とさせる設えの装飾が施されていた。◎法隆寺　1972（昭和47）年3月15日　撮影：荻原二郎

ホーム2面3線の構内を備えていた非電化時代の法隆寺駅。ホームを結ぶ跨線橋には古風な造りの支柱が残っていた。無煙化、電化開業を秋に控えた年の春、構内を通過して行く貨物列車の牽引機は既にディーゼル機関車となっていた。
◎法隆寺　1972（昭和47）年3月15日　撮影：荻原二郎

王寺駅の界隈で大和川は南北に蛇行する。関西本線の法隆寺方では田園地帯の中に橋梁が架かる。遥かに望む生駒山系の上方に積雲が湧き立つ暑い日の午後。ＤＤ51に牽かれた貨物列車がゆっくりと橋に差し掛かる。奈良〜湊町間の電化後も貨物列車の牽引は引き続きディーゼル機関車が担った。◎法隆寺〜王寺 1974（昭和49）年9月14日 撮影：野口昭雄

王寺駅で気動車と蒸気機関車牽引の旅客列車が顔を合わせた。頭上を荷物移動用のテルハが跨ぐ気動車が停まるホーム。その奥に見える駅舎方のホームには荷物を運ぶ台車が置かれている。鉄道での小荷物輸送が盛んであった時代の日常風景である。
◎王寺　1957（昭和32）年11月　撮影：日比野利朗

王寺駅の関西本線のホーム。当駅には電化後さまざまな電車が乗り入れてきた。代表格の101系、103系、113系のほか大阪環状線に直通するオレンジバーミリオンの201系、おおさか東線の暫定開業時に投入された直通快速223系や381系を使用した「やまとじライナー」など、今となっては懐かしい。◎王寺　1981（昭和56）年頃　撮影：山田虎雄

長編成の快速列車がホームに入って来た。気動車でありながら両開き扉3つを備えたキハ35、36等で統一された編成からは都市部の通勤列車らしい喧騒が聞こえてきそうな雰囲気が漂っていた。その反面、非電化の広い駅構内が清々しい。◎王寺　1972（昭和47）年3月15日　撮影：荻原二郎

旧・国鉄二路線と近畿日本鉄道の二路線が集まる王寺駅は奈良盆地南部の鉄道要所。旧・国鉄時代の駅舎はゆったりとした大きさの木造だった。駅前は舗装されて駐車場が整備されている模様だ。国鉄の構内に隣接して近畿日本鉄道生駒線の王寺駅と田原本線の新王寺駅が別個にある。◎王寺　1967（昭和42）年3月10日　撮影：荻原二郎

広々とした王寺駅構内を跨ぐ改札外の自由通路から南側に延びる4，5番ホーム付近を見下ろす。停車する3両編成の気動車は和歌山線へ向かう列車だ。和歌山線は1980（昭和55）年3月3日に王寺〜五条間が電化開業し、普通列車の一部に電車が充当され始めた。◎王寺　1980（昭和55）年2月24日　撮影：野口昭雄

和歌山線が分岐する王寺には明治期より機関区が設置されていた。昭和30年代の半ばまでは機関車の配置がありC58や8620形が在籍した。堂々とした構えの給水塔の下に憩う機関車はC58 190号機。1938（昭和13）年製の機関車で新製直後の配置区は奈良だった。戦時中に和歌山へ転出した後、王寺、奈良区と近畿圏を渡り歩いた。◎王寺　1971（昭和46）年10月3日

水面をトラス橋が跨ぐ大和川を渡るC58牽引の旅客列車。奈良運転所には主力であったD51に混じり、客貨両用の中型機関車であるC58が数両配置されていた。橋脚には架線柱が建ち無煙化が迫っていることを窺わせていた。◎法隆寺〜王寺　1971（昭和46）年8月7日　撮影：安田就視

小荷物等を移動するための施設であるテルハ（クレーンの一種）が跨ぐ構内を113系の快速列車が奈良へ向けて発車して行った。明灰色に朱色の帯を巻いた塗装は関西本線の電化に合わせて用意された独自色。青帯を巻いた阪和線や東海道・山陽本線の快速用車両と好対照を成していた。◎王寺　1980年代　撮影：野口昭雄

王寺駅構内の奈良方で211系の快速列車がすれ違った。JR第一世代の近郊型電車である同車両は1989（平成元）年より奈良電車区（現・吹田総合車両区奈良支所）に配置されて以来、関西本線、大阪環状線で運転される「大和路快速」の運用を担っている。
◎王寺　1999（平成11）年2月12日　撮影：安田就視

王寺駅の1番乗り場に停車する103系の普通列車。ホームは電化時に嵩上げされ、新旧の石積みが地層のように異なる色合いの帯をつくっている。ホーム奥の改札内に近畿日本鉄道生駒線の王寺駅と田原本線の新王寺駅がある。
◎王寺　1999（平成11）年 2 月12日　撮影：安田就視

王寺駅を離れる奈良行きの普通列車。運用に就くのは1983（昭和58）年から投入された103系だ。ウグイス色は関西本線大阪口の普通用電車に充てられた標準色で、前面には白色の帯が加わる。屋根の上には分散型のクーラーを載せている。
◎王寺　1999（平成11）年 2 月12日　撮影：安田就視

大和川を渡るキハ35等で組成された快速列車。10月の電化開業を控え、頭上には架線が張り巡らされている。花形運用に就いていた末期の姿だ。木々に蔽われていた渓流区間の沿線では昭和40年代に入って造成工事が盛んになっていた。1980（昭和55）年3月には河内堅上〜王寺間に三郷駅が開業した。
◎河内堅上〜王寺　1973（昭和48）年9月24日　撮影：野口昭雄

1982年（昭和57）年8月1日、台風10号等による水害が発生し、王寺駅や機関区等の施設が冠水。留置されていた多くの101系が浸水被害を受けて使用できなくなった。その救済措置として廃車予定であった中央快速、中央総武緩行線用の同系車両が転属して来た。
◎三郷～河内堅上　1982（昭和57）年10月9日　撮影：野口昭雄

奈良～湊町間の電化開業に合わせて普通列車に投入された101系。車体の塗色には奈良市内の若草山に因んだウグイス色が選定された。制御車の前面には警戒色である黄色の帯が入った。山河に囲まれた長閑な沿線風景が広がる関西本線の西部が国電区間に仲間入りした。
◎柏原～河内堅上　1982（昭和57）年9月5日　撮影：野口昭雄

貨物列車を牽引して電化された関西本線を行くＤＤ51。大和川の谷間の山間区間を、紫煙を燻らせながら力強く走り抜けていった。
◎河内堅上〜柏原　1982（昭和57）年10月9日　撮影：野口昭雄

水害の窮地を救った
関東の101系

　1982（昭和57）年8月1日。7月に南海上で発生し日本に接近していた台風10号は未だ本州上に横たわっていた梅雨前線を刺激し、近畿地方に豪雨をもたらした。奈良県王寺町内を流れる葛下（かつげ）川は氾濫し王寺駅構内は浸水した。同時に構内に留置されていた多くの車両も水害を被った。それらの中には関西本線で運用されていた101系60両が含まれていた。

　使用できなくなった電車の代わりに応急措置として中央快速線や中央総武緩行線で使用され、103系への置き換えで廃車予定となっていた101系を奈良電車区へ転属させて急場を凌いだ。

　オレンジバーミリオン塗色の車体で中央快速線用の車両は先頭部に黄色い帯を施された。また中央総武緩行線用の車両はカナリアイエロー色のままで運用に就いた。他路線との誤乗を防ぐ措置として前面と扉上に「関西線」と記したステッカーが貼られた。

　期せずして関西へ活躍の場を移すこととなった101系は約2年間に亘り使用された。

関西本線での車両不足を補うために投入された関東圏で活躍してきた101系。中央総武緩行線用のカナリアイエローの車両が路線色のまま6両編成で運用された。時期は違うが、京阪神緩行線からスカイブルー塗装のまま103系が転属してきたこともある。◎三郷〜河内堅上　1982（昭和57）年10月9日　撮影：野口昭雄

上下線に分かれて大和川を渡る橋梁上を101系普通列車が行く。4両目のみが大阪環状線と同系色のオレンジ色との混色編成であった。蛇行する大和川を直線的に結ぶ経路上に長らく駅は設置されなかった。しかし1985（昭和60）年に同区間の中間部で高井田駅が開業した。高井田から両隣の駅まではいずれも2.4kmである。◎河内堅上〜柏原　1982（昭和57）年10月9日　撮影：野口昭雄

関西本線で運用される201系は6両編成。編成の中間に挟まる4両は全て電動車だ。同路線の電化区間で運転していた103系を置き換える目的で2006（平成18）年から吹田総合車両所奈良支所に配属された。従来からの路線色を継承し、201系では初めてウグイス色塗装をまとう編成となった。◎2019（令和元）年5月26日

橋梁が大和川を跨ぐ部分に桁受け用のトラスを備える第四大和川橋梁を渡る湊町行きの普通列車。1982（昭和57）年の台風被害に伴う列車不足を補うために集められた、もと関東圏所属の車両だ。制御車の前面に貼られた誤乗防止用のステッカーは、地が関西本線を表すウグイス色になっていた。◎河内堅上〜柏原　1982（昭和57）年9月4日　撮影：野口昭雄

八尾市の東端部に設けられた志紀駅。現在は国道25号と国道170号外環状線が交わる駅構内の東側を望む。家並越しに線路と並行した国道25号がある。大阪市の近郊とはいえ、昭和30年代から40年代の初頭にかけての沿線には、低い屋根の住宅が続き下町の雰囲気を湛えた眺めが続いていた。◎志紀　1960年代

『柏原市史』に登場する関西本線

会社の設立

　計画はその後馬車鉄道から汽車軽便鉄道それから普通鉄道へと変更され、建設区域も拡大して大和・河内・摂津の3ヶ国にまたがるものとなり、明治19年9月21日、大阪府に路線の測量許可を出願した。ところがその前日、阪堺鉄道会社からも、同社線の大和川停車場付近から分岐して大和国高田町にいたる区間の鉄道建設が出願されていたので、路線の競合になることから両者が協議して大阪鉄道発起人より阪堺鉄道へ測量費3000円を送り、計画を譲り受けた。

　その後明治20年1月31日に発起人14名連署して大阪府知事建野郷三に大阪鉄道会社の設立と鉄道敷設願を出願した。設立発起人14名のうち、市域の人としては平野村の山荘逸作の名があがっている。三浦喜作の名はみえない。会社設立出願書によると、路線はまず大阪南区御蔵跡町から大和国高市郡今井町までを建設し、その後そこから東は伊賀をへて四日市へ、南は五条をへて和歌山へ、北は奈良へいたるという大規模な計画であった。この計画に対して政府は、大規模な路線にもかかわらず図面・収支概算が粗雑であること、大阪もしくは大阪近傍の官営路線に接続させること、今井町までしか敷設しない時は将来、政府もしくは一会社において今井町から奈良、和歌山、四日市などに路線を敷設する時は、買上げまたは合併に応ずべきことなどの条件を付けて、府知事を通じて同年4月11日、発起人へ通達した。

　丁度これと同じ時期に関西鉄道会社も創立願書を出し、計画路線が四日市および奈良におよんでいたため両社で重複ができ、このため政府は両社に建設区間について協議を求め、再出願を指令した。結局、大阪鉄道株式会社は同年12月26日、大阪より大和国桜井までと、北今市から分岐して奈良に達する延長59.5キロメートルの鉄道建設を出願し翌明治21年3月1日にその許可がおりた『日本国有鉄道百年史』。

路線の建設

　大阪鉄道株式会社は湊町・梅田間の建設をあとにして、湊町・奈良間の建設をまず行なうことにした。それについて明治21年9月3日、大県郡高井田村から奈良県の北今市までの間の路線変更を出願した。当初の計画路線は大県郡高井田村で大和川を渡り原川の谿流に沿って上り、田尻村から関屋越をへて葛下郡北今市村に出るはずであったが、長橋、隧道がある上、勾配が50分の1もあることから、これを変更して高井田村より左に大和川岸を遡り、亀瀬峠を穿ち、南葛城郡王寺村にいたり、ここを分岐とすることにした。この新路線では橋梁、隧道の数は多いが、勾配が100分の1までであり工事が容易だという。この変更は同年10月8日に認可された。

　さて大阪鉄道会社の設立出願のあった明治20年以後の市域の村の動きはあわただしいものがあったと考えられる。平野村の山荘逸作は府会議員であったが、同会社のは

じめからの発起人として鉄道の敷設に努力した。鉄道の開通は市域の村と都会地の大阪とを短時間の間に結び、村の発展を約束するものであった。しかし一方では測量が進み、線路が確定しだすと、鉄道敷地として買上げが予想されるようになり、線路の通る村の地主および小作人の間に買上げの不安が広がったと思われる。買上げ価格がどうなるか、線路で分断される畑の耕作のために踏切を多くつけてほしいとか、線路を変更してほしいとか、いろいろの問題があった。結局、公用土地買上規則によって買上げられ、市村新田の出した線路変更願は認められなかった。

　買上げが終わった後、明治21年9月16日から湊町・柏原間の工事が始まった。市域近くては9月16日、渋川郡植松村から始まって漸次南へ向けて延びて来た。その後工事は順調に進み、明治22(1889)年5月14日に湊町・柏原間が開通した。23年9月11日には柏原・亀瀬(亀瀬隧道の西側入口付近の仮停車場)間が開通、ついで12月27日に王寺・奈良間が開通した。この時は亀瀬・王寺間は人力車で乗客を運んだ。明治24年2月8日には稲葉山(亀瀬隧道東入口仮停車場)・王寺間が開通、3月1日には王寺・高田間が開通した。翌25年1月に待望の亀瀬隧道が完成し、2月2日には亀瀬・稲葉山間の開通にともない、湊町・奈良間41.2キロメートルが全線開通した。亀瀬・稲葉山の両停車場はこの日廃止となった。また王寺・桜井間の建設も進み、26年5月にはこれも開通し、大阪鉄道の出願計画した路線はこれで全部完成したことになる。

営業の状態

　明治22年5月14日、湊町・柏原間が開業を始めた。開業当時は湊町、天王寺、平野、八尾、柏原の5つの停車場があり、汽車は湊町停車場の始発が午前6時で、40分かかって柏原へ着き、7時には折り返して柏原を発つという状態で、1日の列車運転回数は第42表のように8往復であった。明治22年12月1日から15往復となった。旅客運賃は上、中、下等の3段階で、基準は下等1マイル(1.6キロメートル)あたり1銭2厘で、中等は下等の2倍、上等は3倍となっている。柏原停車場からの旅客運賃表を表にすれば第43表のようになる。なお明治25年2月2日、湊町・奈良間の全線開通後は運賃の改定があり、湊町・奈良間は14銭になった。

　開業当初の柏原停車場の旅客の乗り降り、貨物の出し入れは非常ににぎわった。第44表は開業初期の各駅での旅客輸送量の状態を示したものであるが、明治22年の柏原停車場の数量は、湊町、天王寺の2駅をぬいて第一の成績をあげている点が注意される。この数字から考えると、市域の村人、南河内の人々、大和の人々が、ものめずらしさも手伝ってドッとおしかけたように思われる。またそうなるほど待望していた鉄道の開通であったのではなかろうか。

　開業間もない明治23年4月24日、皇后陛下が奈良県、兵庫県へ御行啓の節、法隆寺で御泊、翌朝法隆寺から御発興され、10時45分、柏原停車場西手の御休所寺田七郎平方

かつて八尾～久宝寺～加美間には広大な竜華操車場が広がっていた。施設は関西本線の上下線の間にあった。貨物扱い施設の他、元は湊町構内にあった機関区、工場も第二次世界大戦前に移設され鉄道の一大拠点を築いていた。操車場は1986（昭和61）年に廃止され、跡地は地域の再開発に活用された。◎久宝寺付近　1990（平成2）年

大阪府内で河内地方の中核都市である八尾市の鉄道駅八尾。旅客線の他、放出までを結ぶ片町線の貨物支線や阪和線の杉本町へ延びる関西本線貨物支線の拠点だった。当駅での貨物扱いは1980（昭和55）年に廃止。関連する貨物支線は平成20年代に入り相次いで廃止された。◎八尾　1969（昭和44）年

に御差輦、暫時小憩の後、御中食を召させられ、同正午12時に大阪鉄道会社の列車に召し換えさせたまい大阪へ向わさせられた。出格の御思召で鉄道へ乗御されたことは会社の関係者には大変喜ばしいことであった。当時の柏原村の人にも名誉なことであったろう。寺田家の御休所は今も当時のまま保存されている　大阪市役所『明治天皇行幸誌』。

明治23年もすぎ24、5年になると、そうした一時の爆発的な人気もおさまり、旅客は一挙に減少したが、その後は漸次着実に増加していった。大阪鉄道会社の発行した沿線案内記には柏原停車場からの名所旧跡としては道明寺天満宮、同尼寺、玉手山安福寺、誉田八幡宮、葛井寺、国分村より奈良方面、観心寺、信貴山などがあって、それぞれ柏原駅から徒歩あるいは人力車の便があると書かれている。なかでも道明寺天満宮は大阪の町からの参詣者も多く、祭礼縁日などには臨時列車が運転された。こうした参詣のための乗客も増加して行った。

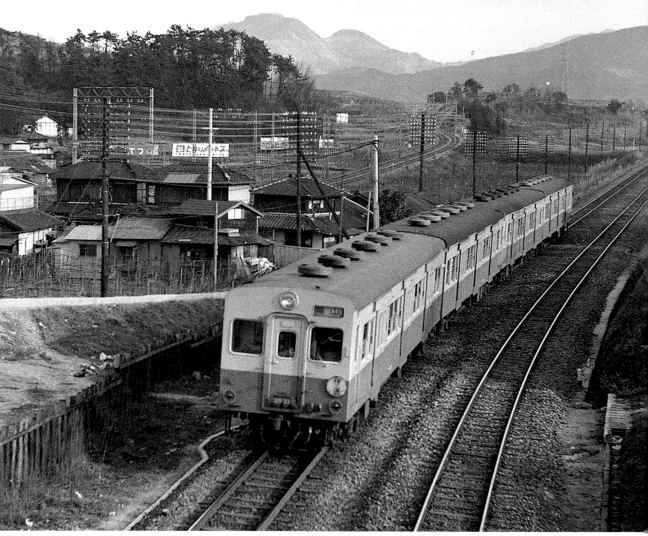

駅間に青谷信号場があった王寺～柏原間は大正期に複線化された。キハ35等の通勤型気動車で編成された快速列車が行く。正面には
「快速」と記載した小振りなヘッドマークを掲出していた。画面奥に柏原市内を並行する近畿日本鉄道大阪線の架線柱が建つ。◎柏原
1963（昭和38）年　撮影：中西進一郎

おおさか東線を経由して奈良～
新大阪間を結ぶ直通快速（写真
は321系）。平日の朝に奈良発の
列車。夕刻に新大阪発の列車が
4本ずつ運転される。また土曜、
休日には朝夕2往復ずつの運転
となる。関西本線内の停車駅は
奈良～王寺間の各駅と久宝寺。
207系、321系が使用される。
◎2019（令和元）年8月1日

城東貨物線を旅客線として利用したおおさか東線の開業で大阪南東部の乗換駅となった久宝寺。跨線橋で関西本線のホームと連絡する。
画面左手の2番乗り場に停車する201系がおおさか東線の列車だ。車体の塗装は関西本線の普通列車と同じウグイス色である。
◎久宝寺　2010（平成22）年2月22日　撮影：野口昭雄

103系が量産されてからも総武本線用等として製造が続けられた101系は、一部の制御車や付随車が103系に編入された。旧・国鉄期に
サハ101はサハ103　750番台、クハ101はクハ103　2050番台、クハ100はクハ103　2000番台に改番された。同グループの一部は関
西本線で使用された。◎1992（平成4）年

関西本線、片町線の貨物支線が集まる平野駅。ホームがある旅客用線の他、貨物列車の発着専用となっている側線が構内北側にある。旧・国鉄時代の駅舎は改札口、待合室と事務室部分が別棟になった構造。駅前は未舗装で折からの雨に水溜まりがたくさんできていた。
◎平野　1966（昭和41）年6月4日　撮影：荻原二郎

背後に構内を跨ぐ道路天王寺バイパスが見える天王寺駅構内。関西本線のホームに春日大社をイメージした明灰色と朱色の塗装を施された113系が、快速列車のヘッドマークを掲出して滑り込んで来た。留置線に休むオレンジバーミリオン色の車両は大阪環状線用の通勤型電車だ。
◎天王寺　1984（昭和59）年1月29日　撮影：安田就視

ホームに影を落として停車するのは客車を従えた蒸気機関車。昭和30年代から40年代にかけて奈良運転所には10台前後のC58が配置
されていた。奈良線や桜井線の運用を担うと共に関西本線大阪口の列車にも充当されていた。212号機は昭和28年から30年代にかけて
奈良区に在籍。後に八王子機関区へ転属した。◎天王寺　1958（昭和33）年　撮影：中西進一郎

ホーム上を道路が跨ぐ天王寺駅を発車するＣ11。近隣の駅や操車場への小運転。構内の入れ替え仕業に取り回しの良いタンク機が用いられていた。阪和電気鉄道時代から電化されていた構内には古風な鋼製トラスの架線柱が建つ。手前のホームに沿った線路は未だ電化されていない。◎天王寺　1958（昭和33）年　撮影：中西進一郎

7番乗り場に気動車の普通列車が停車していた。車内の運転士はダイヤグラムを広げて仕業の確認中。ホームには関西本線、奈良線の駅を記載した案内板が掲げられている。天王寺駅では現在、運転扱い上の番線と旅客案内上の乗り場で異なる番号を用いている。7番線は17番乗り場に該当する。◎天王寺　1958（昭和33）年　撮影：中西進一郎

C58牽引の列車が停車していた天王寺駅の17番乗り場。旅客列車とはいえ荷物車主体の編成だ。ホームには関西本線の下り列車についての時刻表が吊り下げられていた。日中には1時間当たり5本。9時台には優等列車を含む7本の発車時刻が記載されている。
◎天王寺　1967（昭和42）年3月10日　撮影：荻原二郎

天王寺に停車する湊町〜柏原間を結ぶ区間列車。新製配置されて間もないキハ36とキハ35の2両編成だ。終点駅で機関車の機回し等の手間がかかる客車列車に比べ、運転士が両端部の運転台へ乗り換えるだけで容易に折り返し運転ができる気動車では柔軟な運用を設定し易くなった。◎天王寺　1962（昭和37）年9月2日　撮影：荻原二郎

天王寺駅に到着した湊町行きの普通列車は103系。旧・国鉄時代には車両前面の帯は警戒色としてより目立つ黄色だった。大きな前面窓を備える初期型車だが、前照灯はシールドビーム二灯式に改造されている。画面奥をあびこ筋の高架橋が横切る。
◎天王寺　1984（昭和59）年1月29日　撮影：安田就視

旧・国鉄が分割民営化されると、加茂〜奈良〜大阪環状線乗り入れ等の快速に新系列車両が投入された。221系はJRの発足から間もない1989（平成元）年に登場。同じ時期に旧・国鉄車両の117系に替わり東海道、山陽本線で新快速の運用に就いた車両と同系である。
◎天王寺　1998（平成10）年11月29日　撮影：安田就視

天王寺駅を出て行く王寺行きの103系普通列車。編成の前後に連結されている制御車は保守性の向上等を目的としていくつもの改造を施された体質改善車両だ。張り上げ屋根となった側面を始め前面方向幕や窓の形状等、従来車が隣に連結されると異なる部分がよく分かる。
◎天王寺　2002（平成14）年　撮影：小川峯生

関西本線が大阪ミナミの繁華街へ乗り入れる天王寺駅。構内を
横切るテルハが見え、荷物等の鉄道輸送が未だ盛んであった様
子を窺い知ることができる。通りを挟んだ構内の南側に建つビ
ルは近畿日本鉄道南大阪線の起点である大阪阿部野橋駅。
◎天王寺　1965（昭和40）年12月21日　提供：朝日新聞社

南海本線との立体交差付近に新今宮駅が開業したのは1964（昭和39）年。旧・国鉄路線が貨物線だった頃、浪速区と西成区が隣接する周辺は会社や工場、住宅が密集して雑然とした雰囲気を湛えていた。築堤上では逆向き運転の8620がゆっくりと貨物列車を牽引していた。◎新今宮駅建設予定地　1956（昭和31）年8月18日　提供：朝日新聞社

キハ35等が停車する今宮駅。線路を跨ぐ築堤を大阪環状線の101系が駆け抜けて行った。関西本線の貨物支線だった今宮〜浪速〜大阪港間は1961（昭和36）年に大阪環状線へ編入された。しかし、大阪環状線の開業当初は今宮駅に乗降ホームは設置されなかった。
◎今宮　1962（昭和37）年7月7日　撮影：野口昭雄

閑散とした雰囲気が漂う今宮駅。大阪環状線で新今宮駅、芦原橋駅の新設に伴い駅の廃止が1966（昭和41）年に告知された。しかし近隣住民の反対運動を受けて約1年後に廃止は取り消された。当駅より新今宮駅までは1.2Km。芦原橋駅までは0.6Kmの距離である。
◎今宮　1971（昭和46）年4月　撮影：野口昭雄

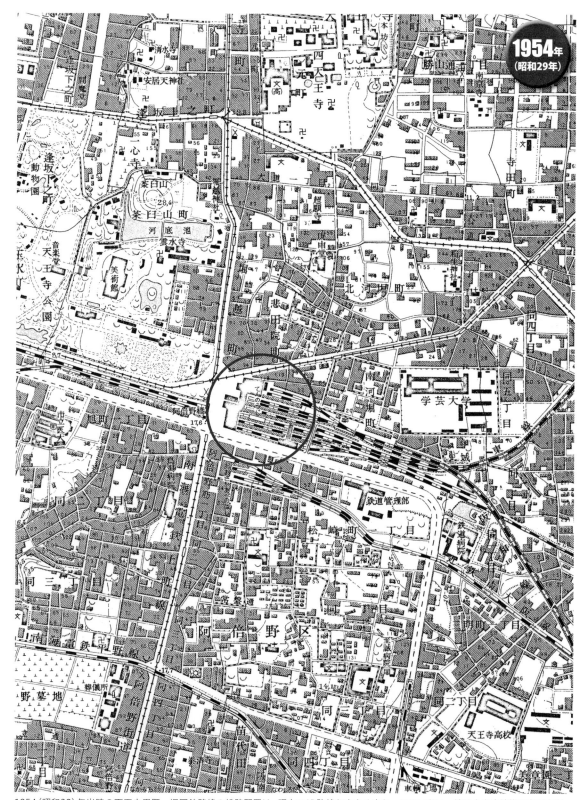

1954年（昭和29年）

1954（昭和29）年当時の天王寺界隈。旧国鉄路線の線路配置は、現在のJR路線と大きく変わってはいない。地図上を直線的に東西方向へ横切る線路が関西本線だ。構内の東側で関西本線を跨ぐ線路は阪和線。当時はいまだ環状路線に整備されていなかった国電区間は、城東線と表記されている。また駅の北側では大阪市電の軌道が通りを縦横に走っていた。破線表記の路線は大阪市営地下鉄（現・大阪メトロ御堂筋線）で、天王寺駅は1938（昭和13）年に開業した。◎提供：国土地理院

湊町駅構内を跨いでいた陸橋から望む。背景に広がる大阪市内の繁華街に未だ高層ビル等の姿はまばらである。ホーム、側線に停まる旧型客車の中にはスハ32等、二重窓、狭窓と古風ないで立ちの車両が混じっていた。右端のホームに停まる気動車は黄色味の強いクリーム地の車体に赤い帯を巻いた旧・国鉄気動車準急塗装だ。◎湊町　1958（昭和33）年　撮影：中西進一郎

今宮〜天王寺間は大阪環状線と関西本線の重複区間。オレンジバーミリオン塗装の大阪環状線普通電車に混じってウグイス色の通勤型電車がやって来た。201系は2019（令和元）年に大阪環状線の運用から退いた。現在は奈良方面とJR難波を結ぶ関西本線からの乗り入れ車のみが姿を見せる。◎今宮　2017（平成29）年7月23日

客車列車が多く運転されていた頃、湊町駅には蒸気機関車等を方向転換するための転車台が設置され、次の仕業まで待機する機関車が側線にたむろしていた。1940（昭和15）年製のC57 148号は急行「大和」等の牽引に活躍。現在は大阪市内の会社で保存されている。
◎湊町　1958（昭和33）年　撮影：中西進一郎

湊町の駅舎。幹線の終端駅としては1階建ての簡潔な造りである。改札外には大きめの売店がありって旅行者、通勤客の拠り所となっていた。漢字で大書きされ、ローマ字英語表記が添えられている駅名看板は手作り感が漂う雰囲気である。
◎湊町　1967（昭和42）年3月10日　撮影：荻原二郎

駅構内には改札口等旅客関連の施設がある駅舎に加えて貨物扱いや乗務員等、多種多様な部署の建物がホームを取り囲むように並んでいた。駅前周辺には未舗装部分が残っている様子。画面右手に地下鉄四つ橋線の難波駅の出入り口階段がある。◎湊町　1967（昭和42）年3月10日　撮影：荻原二郎

『新修大阪市史』に登場する関西本線

大阪鉄道と関西鉄道

日本鉄道会社や阪堺鉄道の営業の成功は、全国的な鉄道熱を呼び起こしたが、このような風潮の中で計画されたのが大阪鉄道である。明治16年秋、安宿部郡国分村(現柏原市)の三浦某が、同村から東成郡天王寺村に至る19.64キロの間に、馬車鉄道を敷設することを計画したのが発端であるが、やがて河内の山荘逸作や大和の恒岡直史らがこの計画に加わり、建設区間を大和・河内および摂津にまたがる区間に拡大し、普通鉄道として建設することを決め、19年9月、路線の測量許可を大阪府に出願した。ところが、出願の前日に、既設の阪堺鉄道も大和川停車場から高田(現大和高田市)に至る区間の建設を出願したため、これと競合するのを恐れた恒岡らは交渉の末、阪堺鉄道にこれまでの測量費として3000円を贈与し、計画を譲り受けたという。これが商業の中心地大阪と奈良盆地とを結ぶ最初の鉄道となった。

こうして恒岡直史・岡橋治助らは翌20年1月31日、大阪鉄道会社を設立し、大阪南区御蔵跡町から大和高市郡今井町(現橿原市)に至り、その以東は伊賀を経て四日市に達し、以南は五条を経て和歌山に至り、以北は奈良に達する鉄道の敷設を出願した。しかし同年3月に設立された関西鉄道が企画出願した計画路線と重複する部分が多かったので、鉄道局長官の説諭により、大阪鉄道は大阪―桜井間および北今市―奈良間を、関西鉄道は草津―四日市―桑名間を建設することになった。

大阪鉄道は21年3月に免許を得て、6月、大阪市街地南端の湊町(現浪速区)を起点とし天王寺を経て柏原に至る路線の建設を開始した。技師長として工事の指揮に当たったのは、アメリカで土木工学を専攻した平井晴三郎である。22年5月に湊町―柏原間を開業したのに続き、26年5月末までに順次奈良および桜井までの区間を開業した。同社は、23年7月、建設費予算不足のため、年利1割の社債26万8500円を募集しているが、これは鉄道会社の社債発行の始まりといわれる。次いで官鉄大阪駅との連絡を図るため城東線を建設することになった。工事にあたっては、水利上問題があるのではないかと紛議が起こり、淀川沿岸11郡の水利委員と折衝する一場面もあったが、28年5月に天王寺―玉造間を、10月に玉造―大阪間を開通させた。なお、同線は大阪砲兵工廠や歩兵第8聯隊の営舎地付近を通過していたため軍事上の価値も大きく、やがて玉造―砲兵工廠間の専用線が開設された。

関西鉄道は、東海道線のルートから離れてしまった名古屋以西の地方が、滋賀県と三重県の強い後押しで実現させたものである。22年12月、草津―三雲間を開通させたのを皮切りに、28年11月、草津―名古屋間を全通させた。同会社は創業時から大阪に直接進出する意図を持っており、大阪鉄道と免許争いをした後も当初の計画を持ち続け、29年7月、片町―四条畷間を開通してまもない浪速鉄道のいっさいの事業や物件を譲り受け、30年1月20日、浪速鉄道の全線を延長線とする免許を得た。

関西鉄道による統合

関西鉄道は、さきに城河鉄道(未開業)・浪速鉄道を合併したが、さらに大阪進出の本命として大阪鉄道との合併に触手を伸ばした。大阪鉄道は明治21(1888)年3月に建設を開始し、22年5月に開業していたが、33年前後になって、河南鉄道による大阪上本町への延長計画や関西鉄道の大阪市内乗入計画などで、その周辺に競争線が目だってきていた。大阪鉄道はこれらの計画に対し、再三反対請願を行っていた。政府もまた狭い地域に競争線が続出することを憂慮し、まず大阪・河南両鉄道の合併を勧奨した。これは大阪鉄道の提示した合併条件が河南鉄道に受け入れられず、不成立に終わっていた。

関西鉄道もまた大阪鉄道との競争線申請を機に、狭い地域での競争は相互の不利益になるとし、大株主の合意を取り付けて大阪鉄道との合併の話し合いを進めたが、収益性の高い大阪鉄道との合併問題はかなり難航した。33年3月になって、大阪鉄道は同社の大株主協議会181人全員一致で合併を可決し、委員9人を選定して関西鉄道と交渉した。しかし合併条件に関して両社の意見が一致せず、いったん破談となった。このとき山陽鉄道社長松本重太郎が調停者となって話をまとめ、大阪鉄道がその事業一切を関西鉄道へ譲渡したのは、同年6月のことであった。合併に当たって、大阪鉄道の株主には、1株について関西鉄道の同額の払込株券2株と現金14円が交付された。大阪鉄道側にとって有利な条件であった(『日本国有鉄道百年史』4、鉄道院文書『関西鉄道』)。

関西鉄道は、こうして官設鉄道(官鉄)との競争線を作り上げた。同社は特にサービスの改善に熱心であった。さらに、第5回内国勧業博覧会に際しては天王寺駅より支線を新設、博覧会駅を設け、旅客の便を図った(同「第29回報告」)。また客車の上等(1等)は白、中等(2等)は青、下等(3等)は赤と、乗車券の地色に合わせて客車の窓の下に等級を示す色帯を巻いたりして、利用者にわかりやすくするなどの営業努力を行った。

サービスの面では、特に35年から37年にかけて、2度にわたって官鉄との間で猛烈な客貨の争奪戦を展開したことはあまりにも有名である。その発端は、関西鉄道が名古屋―大阪間の運賃を官鉄より安く割り引いたのに対して、官鉄がさらに値下げしたことにあった。1回目の競争は両者の協定ができてまもなく収まったが、2回目のそれはまさに泥仕合の観を呈した。例えばみやげに豪華な弁当を進呈するというような、双方手段を選ばぬ過剰サービスぶりで、日本の鉄道の歴史ではほとんど例をみないものであった。結局これも仲裁が入り、名阪間については旅客運賃は同額に、貨物の輸送量は折半ということで協定ができて、騒ぎは半月ほどで収まった。

関西鉄道は37年から38年にかけて、紀和鉄道・南和鉄道・奈良鉄道を吸収、近畿地方鉄道の大部分の鉄道網を統合して当時の5大私鉄の1つに数えられるまでになった。同社は国有化に至るまで、さらに積極的な姿勢を展開していくのであった。

地上駅であった頃の湊町駅舎。終点駅らしく行き止まり線の先に建っていた。ターミナル駅の施設としては質素な造りである。背後には阪神高速道路の高架橋が見える。大阪市電が健在であった頃には、道路のガード下を軌道が通っていた。
◎湊町　1982（昭和57）年8月　撮影：安田就視

地上に駅舎、ホーム等の施設があった頃の湊町駅。1973（昭和48）年に奈良〜当駅間が電化されると発着する列車は全て電車化された。ウグイス色塗装の101系は普通列車用。車両の正面下部に警戒塗装である黄色い帯を巻いている。◎湊町　1982年（昭和57）年8月　撮影：安田就視

関西本線と大阪環状線を直通する快速列車には環状線内の各駅に停車する「区間快速」が設定されている。天王寺始発の加茂行きは京橋経由で反時計回りに環状線を運転し、再び天王寺に停車した後、関西本線へ入る。天王寺行きの列車は逆の経路を取る。主に普通列車で運用された103系も主力であった時期には快速にも充当された。◎2016（平成28）年5月6日

牧野和人（まきのかずと）

1962年、三重県生まれ。写真家。京都工芸繊維大学卒。幼少期より鉄道の撮影に親しむ。平成13年より生業として写真撮影、執筆業に取り組み、撮影会講師等を務める。企業広告、カレンダー、時刻表、旅行誌、趣味誌等に作品を多数発表。月刊「鉄道ファン」誌では、鉄道写真の可能性を追求した「鉄道美」を連載する。臨場感溢れる絵づくりをもっとうに四季の移ろいを求めて全国各地へ出向いている。

【写真提供】

小川峯生、荻原二郎、清水武、中西進一郎、長渡朗、野口昭雄、林嶢、日比野利朗、安田就視、山田虎雄、蟹江町歴史民俗資料館、朝日新聞社

関西本線
1960年代～90年代の思い出アルバム

発行日……………………2020年1月6日　第1刷　　※定価はカバーに表示してあります。

著者…………………………牧野和人
発行者……………………春日俊一
発行所……………………株式会社アルファベータブックス
　　　　　　　　　　　　〒102-0072　東京都千代田区飯田橋2-14-5 定谷ビル
　　　　　　　　　　　　TEL. 03-3239-1850　FAX.03-3239-1851
　　　　　　　　　　　　http://ab-books.hondana.jp/

編集協力………………株式会社フォト・パブリッシング
デザイン・DTP………柏倉栄治
印刷・製本……………モリモト印刷株式会社

昭和〜平成

南海電鉄沿線アルバム

解説　寺本 光照

南海本線紀泉国境の山間を行く運転開始直後の特急「サザン」。全車座席指定列車と一部指定列車とがあり、写真は指定席リクライニングシートの10000系2両と、自由席ロングシートの7000系4両からなる6両編成。10000系は特急専用車らしく南海伝統のグリーンを基調とした塗装で、貫通型ながら気品あふれるスタイルである。
◎みさき公園〜孝子　1985（昭和60）年11月4日　撮影：森嶋孝司（RGG）

◎河内長野～三日市町　1975（昭和50）年6月18日　撮影：荒川好夫（RGG）